A New
Paradigm for
Science

野原博人/森本信也

編著

# 理科教育の新しいパラダイム

晃洋書房

# は じ め に

　本書は，実践と理論との往還，そして，その融合を念頭においた理科授業の分析を通して，これからの理科教育の方向性を提案することを最大の主眼としています．

　現代の理科教育では，PISA，TIMMS，全国学力・学習状況調査等において，指摘されてるように子ども自らが自然事象についての考えや知識を作り出していく学習の実現が求められています．

　この課題解決のためには，理科授業で子どもが自分なりの納得のいく考えや知識を作り出し，子どもに学習の楽しさを感じさせることが必要です．こうした理科授業の実現には，子どもに寄り添う教師の姿勢が切要です．本文において示される「アセスメント」は，ラテン語由来による sit beside が語源であり，「側に寄り添う」という意味をもちます．本書は，教師が子どもに寄り添い，子どもが考えや知識を作り出していく理科授業を核にして展開されます．

　本書では，編著者自身による授業実践，他の実践者らとの共同研究による授業実践の成果を紹介しています．どの授業実践も，常に「子どもに寄り添う」ことを念頭に置いて，子どもと共に考えや知識をつくり出す過程を重視した事例ばかりです．それらの理科授業について，理科教育学に関わる学習論，方法論，評価論，授業論に関する理論に基づく分析をし，これからの理科授業デザインのあり方について論じています．

　また，本書では，章ごとに著者らによる対談を掲載しています．この対談は，これまで共に授業研究に携わってきた著者らによる「経験」についての「語り」といえます．理論を構築していく研究者と子どもと共に学びを紡ぎ出していく授業実践者，両者の視点に立ち，理論構築と授業実践の間にある「経験」を分かち合う「語り」をとおして，これらの意味を価値付けながら新たな授業実践の萌芽を見出していくことを大切にしました．この対談の掲載により，対談内容を読者が読み解きながら，これからの授業のあり方を模索したり読者ご自身

の実践を振り返ったり，様々な課題について深く考える機会を提供できたら幸いです．

　本書の構成は，「第Ⅰ部　現代の理科教育で捉える学力」，「第Ⅱ部　理科授業における子どもの考えの可視化とその評価」，「第Ⅲ部　深い学びを促す理科授業のデザイン」の三部で構成されています．

　「第Ⅰ部　現代の理科教育で捉える学力」では，国内・国外における学力調査等の分析に基づき，認知的スキル，非認知的スキルを吟味し，理科教育における教授・学習論について論じています．

　「第Ⅱ部　理科授業における子どもの考えの可視化とその評価」では，第Ⅰ部で明らかになった理科教育における課題の改善を図るための方法論，評価論に基づく理科授業デザインのあり方について論じています．

　「第Ⅲ部　深い学びを促す理科授業のデザイン」では，第Ⅰ部，第Ⅱ部の議論を踏まえて，学習環境の整備や対話的な学習の実現等に関する授業論を示し，深い学びの実現に向けた理科授業デザインについて議論していきます．

　本書がこれからの理科教育において何をもたらすのか，実のところは真新しいものを提案するに至らないかもしれませんが，「子ども」を主語とした理科授業デザインの発展に少しでも貢献できることを願っています．

　最後に，本書出版に労をとり，その実現に向けて支援を送り続けていただいた，晃洋書房編集部西村喜夫氏に深く感謝申し上げます．なお，本書の刊行にあたっては，2021年度立命館大学産業社会学会学術図書出版助成を受けています．

　2022年2月

野　原　博　人

# 目　　次

は じ め に

---

## 第Ⅰ部　現代の理科教育で捉える学力

### 第1章　理科授業で育成する学力 ……………………………………… 3

1.1　理科授業で育成をめざす学力　　*3*

1.2　理科授業で育成する認知的スキル　　*6*

1.3　理科授業における認知的スキルの育成を基軸とする
　　学力の具現化　　*9*

（1）授業における認知的スキルの育成の過程

（2）授業における認知的スキルの育成の視点

1.4　理科授業実践の中で学力育成の意味を考える　　*15*

### 第2章　理科授業で育成する学力の考え方を広げる ……………… *23*

2.1　学力の考え方に何を新たに加えるのか　　*23*

2.2　授業で育成すべき非認知的スキル　　*26*

2.3　理科授業における非認知的スキルを加味した学力の具現化　　*29*

（1）全国学力・学習状況調査・質問紙調査からの分析

（2）理科授業における子どもの活動からの分析

2.4　授業実践の中で非認知的スキルの意味を考える　　*37*

### 第II部　理科授業における子どもの考えの可視化とその評価

## 第3章　理科授業で考えを表現しながら，能力を深める ………… *51*

3.1　子どもに考えを可視化させる意味と指導の視点　*51*

（1）子どもに考えを可視化させる意味とその能力の実態

（2）考えを可視化させる指導の視点

3.2　考えの可視化を評価するための基準　*57*

3.3　子どもの考えの可視化による理科授業の展開　*60*

3.4　授業実践の中で子どもの考えの可視化を考える　*64*

## 第4章　理科授業における評価による子どもの考えの
解釈と支援 ……………………………………………… *73*

4.1　子どもの考えを解釈するための評価の三角形　*73*

（1）「認知」

（2）「観察」

（3）「解釈」

4.2　評価の計画と実施に関わるアセスメント・リテラシー　*78*

4.3　理科授業におけるアセスメント・リテラシーに基づく
授業実践　*80*

（1）評価目的の知

（2）評価対象の知

（3）評価方略の知

（4）評価解釈・行動の知

4.4　授業実践の中で可視化された子どもの表現の解釈を考える　*87*

## 第Ⅲ部　深い学びを促す理科授業のデザイン

### 第5章　理科授業における子どもの学びを創る学習環境 ………… 99
5.1　「エージェンシー」の育成　*99*
5.2　エージェンシー育成のための学習環境デザイン　*102*
5.3　理科授業におけるエージェンシーの育成　*105*
5.4　学習環境のデザインによるエージェンシーの育成について
　　考える　*112*

### 第6章　対話的な学習を実現する理科における教授・学習活動 … 123
6.1　社会的相互作用を基軸とした対話的な学習　*123*
6.2　対話的な教授・学習活動を促進する具体的な要素と
　　その具現化　*125*
　（1）学習集団内での相互作用
　（2）教授のための発話
　（3）学習のための発話
　（4）対話的な理科授業の具現化
6.3　対話的な学習を実現する理科における教授・学習過程を
　　考える　*135*

### 第7章　深い学びを促す理科授業のデザイン ……………………… 146
7.1　理科授業における学習の能動性　*146*
7.2　学習の能動性に基づく深い理解を促す理科の教授・
　　学習過程　*149*
7.3　拡張的学習による理科授業デザイン　*151*
7.4　深い理解を促す理科授業デザインの内実について考える　*157*

おわりに　*173*
索　　引　*175*

第 **I** 部

現代の理科教育で捉える学力

# 第1章　理科授業で育成する学力

## 1.1　理科授業で育成をめざす学力

　理科授業でめざす学力とは，どのような内容を指すのでしょうか．理科における全国学力・学習状況調査からそれを探ってみましょう．

　**図1.1**は，平成27年度の全国学力・学習状況調査で出題された小学校理科の問題です（文部科学省，2015：57-60）．温度の変化と析出する砂糖の量の関係について考えます．グラフを基に分析し，考察することが求められました．この問題の正答率は29.2％でした．

　**図1.2**は，平成30年度の全国学力・学習状況調査で出題された小学校理科の問題です（文部科学省，2017：38）．食塩水を熱したときの食塩の析出について考えます．実験結果に基づく考察から，結論を導きだす問題です．この問題でも平成27年度の調査と同様，実験結果で得られたデータを読み解き，解釈を加えて新しい考えを作り出すことが求められました．この問題の正答率は36.0％でした．

　「全国学力・学習状況調査」において，観察，実験結果を分析，考察するという記述式の問題に対する低い正答率の背景を捉えると，これからの理科授業で育成する学力において鍵となるのは，自分で考え，適切に表現する力であるといえます．その具体化したものを「資質・能力」に見ることができます．それは，「思考力・判断力・表現力等（知識や技能を使って論理的に考えを進めること）」，「知識及び技能（論理的に考えながら，知識や技能を身につけること）」，「学びに向か

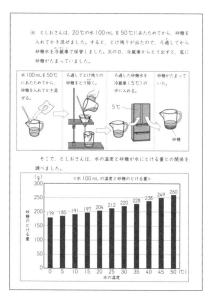

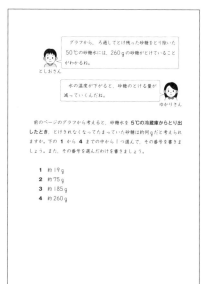

図1.1　平成27年度小学校理科の問題例

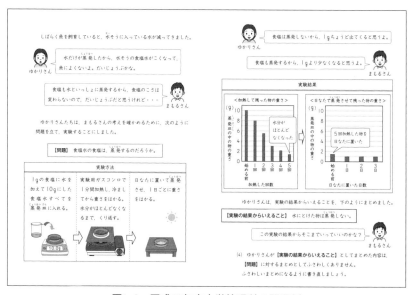

図1.2　平成30年度小学校理科の問題例

う力，人間性等（主体的に学習に取り組むこと）」の3つです．

　日本における資質・能力の育成の視点は，諸外国における学力に関する議論と軌を一にしています．例えば，コンピテンシー（ドイツ，フィンランド等），キー・スキル（イギリス），ジェネリック・スキル（オーストラリア）等，育成したいスキルについて，それぞれの国の実情に合わせた定義がなされています．

　松下（2013：2）は，各国における学力としての能力観が示す定義に共通する要素を抽出し，次の4つに整理しました．

　　・基本的な認知能力（読み書き計算，基礎的な知識・スキル等）
　　・高次の認知能力（問題解決，創造性，意思決定，学習の仕方の学習等）
　　・対人関係能力（コミュニケーション，チームワーク，リーダーシップ等）
　　・人格特性・態度（自尊心，責任感，忍耐力等）

　さらに，森本（2020：10-12）は，こうした各国における能力観と日本の学力観として示された資質・能力に関連があることを指摘しました．森本の指摘を整理したものとして，表1.1を示します．

　表1.1において重要であり，注目すべきは，基礎的認知能力（知識及び技能の習得）と高次の認知能力（思考力・判断力・表現力等の育成）の機能が相互に関連する「認知的スキル（cognitive skills）」の育成です．資質・能力との関係性は明瞭です．

　「知識及び技能」の習得は基礎的認知能力，「思考力・判断力・表現力等」の

表1.1　各国における能力観と日本が示す学力観

| 各国における能力観 | 日本の学力観 |
|---|---|
| 基礎的認知能力（読み書き計算，基本的知識・スキル等） | 「知識及び技能」の習得 |
| 高次の認知能力（問題解決，創造性，意思決定，学習の仕方の学習等） | 「思考力，判断力，表現力等」の育成 |
| 対人関係能力（コミュニケーション，チームワーク，リーダーシップ等） | 「学びに向かう力，人間性等」の涵養 |
| 人格特性・態度（自尊心，責任感，忍耐力等） | 「学びに向かう力，人間性等」の涵養 |

（出所）森本信也編（2020）『授業で語るこれからの理科教育』東洋館出版社を参考に筆者作成．

育成は高次の認知能力として捉えられます．認知的スキルの育成では，論理的に考えを進めることである「思考力・判断力・表現力等」の育成が極めて重要です．さらに，「学習に向かう力，人間性等」の涵養により，こうした認知的スキルの機能は促されると捉えることができます．

こうした学力によれば，子どもが目的意識をもって，意欲的に自分なりに考えながら知識を作り上げていく，というように捉えられます．この考え方から，理科授業を通して，子どもに育成を目指す学力を認知的スキルに即して捉えるとき，次のようにまとめることができます．

子どもに問題解決の能力を育成し，これを基に新しい考えや知識を作らせたり，その使い方を理解させたりすること（森本，2020：12）.

## 1.2 理科授業で育成する認知的スキル

理科授業において育成を目指す学力を認知的スキルという視点から捉えてみましょう．小学校や中学校の理科では問題解決を授業の主軸にした学習が重視されてきました．問題解決（problem solving）は認知心理学において，以下の3つの視点から説明されています（アイゼニック，1998：440-441）.

・問題解決とは問題を解くことを志向することである．
・問題解決とは問題解決をする者がもつ既存の知識に依存する．
・問題解決とは問題解決をする者により知識を操作することに関わる．

上で述べた3つの視点を理科授業に即して，捉えてみましょう．子どもは未知の自然事象と出会い，そこから興味・関心をもちます．「調べてみたい」，「不思議だ」という意識が子どもに生じ，学習問題へと転化します．問題解決では，こうした動機付けを契機として，予想や仮説を立て，観察，実験の計画を構想し，結果の解釈を通して新しい考えや知識を作り出す，という活動が展開されます．

この一連の学習活動を通して，思考力・判断力・表現力等である認知的スキルが機能します．学習指導要領で示されている学年ごとの問題解決の力，すな

図1.3　回路概念に関わる記述

わち，思考力・判断力・表現力等を駆使し，新しい考えや知識が作り出されていきます．

　理科授業において，認知的スキルを駆使して作り出される新しい考えや知識とは「科学概念」を意味します．理科授業において子どもが作り出す科学概念とは，主に学習指導要領で示されている学習内容です．

　図1.3に示した描画は，小学校第3学年で学習する「回路ができると電気が通り，豆電球などが動作することを捉える」（文部科学省，2017：38）という学習内容についてのイメージを子どもが表現したものです．「電気がちゃんととおると笑顔」という図やことばによるイメージを構成しながら，回路における豆電球の点灯について，電気をエネルギーの視点から「パワー」と捉え，説明しています．

　子どもは科学概念をことばだけによる説明ではなく，このような描画による表現を好みます．今の自分の考えをよりよく表現できるからです．

　図1.3に示した子どもの記述における矢印や色に濃淡のついた線，表情のある豆電球などの「回路」に関わるイメージは，考えや知識を作り出す上で欠かせない要素です．子どもは自分の考えを多様な方法を駆使して表現しようとしています．

　ホワイト（1990：35）は，理科学習に関わる概念には，表1.2に示すように多様な要素が含まれていることを指摘しています．表には，小学校第3学年で学

表1.2　理科学習に関わる概念についての諸要素

| | 要素 | 簡単な定義 | 例 |
|---|---|---|---|
| 普遍的な意味の記憶 | ストリング | 分離されずにまとまった形で記憶される記号やことば | 回路，電気 |
| | 命題 | ことばの定義，ことばの間の関連性の記述 | 豆電球，乾電池が導線により，1つのわになってつながっているのを回路という． |
| | 知的技能 | 論理を用いた課題の遂行 | 電気を通すつなぎ方と電気を通さないつなぎ方を比較分類できる． |
| 特殊的・体験的意味の記憶 | エピソード | 特定の経験あるいは目撃した事実についての記憶 | 乾電池の＋極と－極に導線をしっかりつけないと豆電球は点灯しない．導線の両はしを紙やすりで少しけずる． |
| | イメージ | 知覚情報に対する心的表象 | 豆電球は電気のパワーで光る．（例えば図1.3） |
| | 運動技能 | パフォーマンスによる課題の遂行 | 乾電池，豆電球などを用いて，回路を組み立てる． |

↓統合

| 認知的方略 | 思考をコントロールする概括的な技能 | どの要素を使えば，自分の考えを表現できるか判断する． |
|---|---|---|

習する「回路」を例にして，これに関わる知識の諸要素を示しています．命題，エピソード，イメージ等の各要素から概念の説明がなされています．さらに，子どもは，自分なりに納得のいく説明のための要素と関連付けながら，1つの視点による説明ではなく，多様な要素による表現を考えていきます．認知的方略を介した捉えです．

　ホワイトが指摘した「理科学習に関わる概念についての諸要素（表1.2）」は，学習指導要領に示されている学習内容の構造を明らかにする視点として有益な学習モデルといえます．こうした学習モデルに基づくとき，理科授業で育成を目指す認知的スキル，すなわち，新しい考えや知識を作り出す能力とは何かが明瞭になります．理科授業で目指す学力の具体化です．

## 1.3　理科授業における認知的スキルの育成を基軸とする学力の具体化

### （1）授業における認知的スキルの育成の過程

　表1.2に示した諸要素は，子どもにとって，問題解決活動を充実させるために必要な「道具」と捉えることができます．ヴィゴツキー（2003：22-23）は，こうした「道具」を介して新しい考えや知識を作り出していく学習モデルを図1.4のように提唱しました．「認識の三角形」といいます．事象の認識は，常に「道具」を媒介して成立する，ということを意味しています．

　実際，子どもは教師の指導のもと，自然事象を調べたり説明したりするために適切な「道具」を選び，使おうとしています．その「道具」として，表1.2に示した諸要素が有用です（森本, 1999：15-17）．そこで，問題解決の主要な活動である予想，結果の整理，考察を取り上げて，てこの規則性の学習を例にして，表1.2に示した諸要素の機能について説明してみましょう．

### ① 予想

　てこのつり合いを予想するときの「道具」を表1.2の諸要素に即して捉えると，図1.5のように示すことができます．

　「てこがつり合うときの力の大きさは同じ」という予想の媒介となる「道具」を表1.2の諸要素から捉えると，次のように説明することができます．

　子どもは，手で動かせない物を長い棒を使って動かすことができたという運

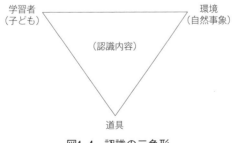

図1.4　認識の三角形

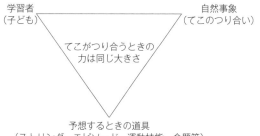

図1.5　予想するときの道具

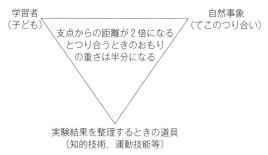

図1.6　実験結果の整理をするときの道具

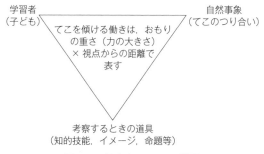

図1.7　考察するときの道具

動技能やエピソード，支点，力点，作用点というストリング，力を加える位置や力の大きさを変えるとてこを傾ける働きも変わるという命題等，こうした要素を機能させ，予想における考えを作り出します．

## ② 実験結果の整理

①の予想に基づき，てこのつり合いの規則性を調べる実験を行います．実験結果を整理するときの「道具」を**表1.2**の諸要素に即して捉えると，**図1.6**のように示すことができます．

てこ実験器を用いて，支点からの距離とおもりの重さを変える実験を行う運動技能，表の作成により実験結果を整理する知的技能等，これらの要素を機能させ，「支点からの距離が２倍になるとつり合うときのおもりの重さは半分になる」というデータの解釈を行っていきます．

## ③ 考察

②の実験結果の整理と解釈から考察するときの「道具」を**表1.2**の諸要素に即して捉えると，**図1.7**のように示すことができます．

結果を整理した表（データ）から，距離とおもりの重さは反比例の関係にあると解釈する知的技能，左右のうでを引く力の大きさについてのイメージ，左右のうでは「支点からの距離×力の大きさ」という関係式で表すことができるという命題，こうした要素を機能させ，最終的にストリングとしての公式を導き出し，「てこを傾ける働きは，おもりの重さ（力の大きさ）×視点からの距離で表す」という，てこの規則性に関わる考えや知識が作り出されていきます．


### （2）授業における認知的スキルの育成の視点

（1）では，子どもは「道具」を媒介としながら，問題解決の状況に即して，考えや知識を作り出していくことを明らかにしました．その過程における「道具」は，**表1.2**に示した概念についての諸要素です．実際の理科授業で，子どもは**表1.2**の諸要素をいかに機能させているのか，具体的な授業場面を分析してみましょう．

小学校第４学年の理科授業を例示します．電流の向きについて，考察から結論を導く授業場面です．子どもは対話を通して，**図1.8**と**図1.9**に示した考察を吟味しています（野原・小川, 2017）．

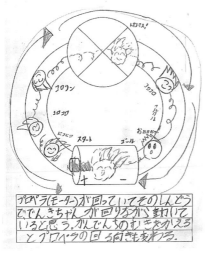

図1.8　回転説

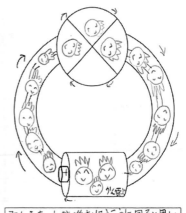

図1.9　玉で考えた説

## 【電流の向きと大きさについて考察から結論を導く授業場面】

T 1：考察から，いろんな考え方が出ていたでしょ．こんな考え方がありました．例えば（図1.8を提示）.

C 1：回転説.

T 2：どんな考え方.

C 2：乾電池を逆にすれば，モーターの回り方，風の向き，が変わる.

T 3：検流計で調べたら.

C 4：どっちも（針の）向きは一緒.

T 4：モーターが回る向きも.

C 5：右や左に向きが変わる.

C 6：この考え方は（図1.9を提示）.

C 7：電気を玉で考えた説.

C 8：電気を玉で表して考えてみた.

T 5：丸を電気の粒に喩えて考えてみたということなんだね．それで，問題だったのは，＋極側と－極側の導線の電気の粒の数が違うんじゃない

かということだったよね.

C 9：それだったら, 検流計が同じように針が触れないでしょということに
なって, 自分の説を確かめてみようということになった.

T 6：それで, 最終的には, この説で言えば, 同じ量を確かめることができ
たので, ＋側と－側では電気の種類は違うけど, 電気の量は一緒だよ
と.

C 10：ま, 使い古しでも, 量は同じ.

T 7：新しい電気をどう使うか, 古い電気をどう変えるか, ということだっ
たね.

T 8：みんなの描いていることは色々じゃん, イルカだったりサラリーマン
だったり, トラック, 飛行機, 矢印, 色がついていたり, 丸で表した
り, いろんな表現があるんだけど, みんな同じと言える, というのは
何.

C 11：電気が変わっている.

C 12：同じ量で通っている.

C 13：＋から－に通っている.

C 14：導線に流れる電気は同じ量で＋から－に通っている.

T 9：電気の流れを「電流」といいます. 電流ということばを使ったら, ど
うやってまとめることができる.

C 15：電流の向きは, ＋から－に通っていて, 導線に流れる電流の大きさは
どこも同じ.

（Cは子どもの発言で番号は発言の順序, Tは教師の発言で番号は発言の順序）

　例示した授業場面の子どもの発言や活動を, **表1. 2**の諸要素から整理すると,
**図1. 10**のように示すことができます. **図1. 10**に基づき, 子どもが新しい考えや
知識を作り出していく過程について分析してみましょう.

　例示した授業場面では, 子どもは多様な要素の組み合わせによる説明を行い
ました. 一方, 教師はそれらをまとめ上げ, クラスの仲間全体で納得できる考
えを作り出すよう促しました. 先ず, エピソードを踏まえた上で, 運動技能と

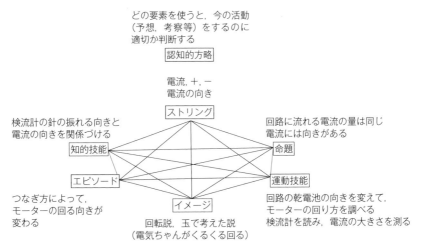

**図1.10　「電流の向きと大きさ」についてのクラスの仲間で作り上げた概念の諸要素**

　知的技能という要素から，実験データの解釈が促進されました．これによって，電流の向き，回路における電流の保存に関わるイメージの共有と吟味がなされていきました．イメージ，エピソード，知的技能，運動技能の関連性を踏まえ，「いろいろな表現があるんだけど，みんな同じと言える（T8）」，「導線に流れる電気は同じ量で＋から－に通っている（C14）」という発言により，電流の向きに関わる新しい考えが作り出されていきました．

　さらに，教師は「回路に流れる電流」という命題と関連付け，「電流（T9）」ということばをストリングとして提示しました．ストリングを用いて知識として作り上げることを教師は子どもに求めました．そこで子どもは，「電流の向きは，＋から－に通っていて，導線に流れる電流の大きさはどこも同じ（C15）」という発言をしました．電流の向きと大きさに関わる命題が他の要素と関連して機能していきました．諸要素の関連により，考察から結論が導き出されました．

　上述した授業場面で注目すべきは，対話による図1.8と図1.9についての子どもの考察の吟味です．図1.8と図1.9の吟味はまさに認知的方略の機能によりなされた成果です．対話が子どもの判断により自然になされ，認知的方略が機能

していたのです．予想で立てた自分の考えだけではなく，他者の考えを受け入れ，クラス全体で「電流の向きと大きさ」についての考えや知識を作り出していくために，一人ひとりが考え出した方略です．

図1.10に示したように，表1.2の諸要素が相互に関連し，構造化され，科学概念として作り上げられていくことを見ることができました．問題解決を通して，概念に関する諸要素を機能させ，考察，結論の導出に向けたデータの解釈により，新しい考えや知識は作り出されていきました．このように機能する「認知的スキル」が，理科授業で育成する学力の実態を示していることが明らかになりました．

## 1.4　理科授業実践の中で学力育成の意味を考える

1.1〜1.3において，理科授業を通した学力育成について考えてきました．こうした内容について，もう少し具体的に吟味してみたいと思います．そこで，理論的な話をかみ砕いて理解するために，対談形式で学力の意味について考えてみたいと思います．特に，実践の中で教師や子どもがどのような意識で指導や学習に臨むと学力が育成されるのかを考えます．対談は，1章の執筆者野原博人と本書のもう一人の編著者である森本信也で行いました．

### 授業を進める上で学力育成を意識すること

森本：学力を念頭において授業をするというのは当たり前のことだけど，いつも学力ってことを言うと，勉強しろ，勉強しろっていうような，何か子どもにちょっと強いるような，勉強は面白いとか，やりがいがあるとか，そういうことがちょっと狭められてしまうような感じがしますが．

野原：私の小学校教員時代のことを振り返ってみると，やっぱり子ども自身が自分なりに納得のいく考えや知識を作り出していく過程で，子どもは勉強の面白さを感じるのではないかと思います．

森本：そういう子どもが勉強する面白さを感じられるような環境作りが学力

の育成を考える前提になるというふうに考えていいわけですか.

野原：その通りですね. 私の小学校教員時代の話ですが, 新学期が始まった4月に苦労した経験があります. その苦労というのは, とにかく授業が成立しない. 子どもが学習に向かう姿勢が身についていないという状態のクラスを担任したことがありました. そのクラスの変化は, 子どもが自分達で考えや知識を作り出す, そういった理科の授業ができたときですね. 本文で述べてきた「認知的スキル」を意識した授業実践を繰り返し積み重ねてきた結果, 子ども達が学習に対して前向きに向かって行くようになっていきました. これは, 学力を育成していく上で基盤だと思います.

森本：なるほどね. 子どもが, 自分で学習を進めるというか, アイデンティティを感じられるときですね.

野原：そうですね. こうした視点で授業をすると子ども同士で非常に白熱した議論が展開する授業が組み立てられていきました. 子ども達にとっては, アイデンティティをぶつけ合う場面が増えていきました. 授業が終わってノーサイド,「授業が本当に楽しかった」と言えるような子ども達になっていきました. 1章で提案している「新しい考えや知識を作り出す力」というところを学力に添えるという意味がそこにあると私は考えています.

森本：そうすると, 今の話は子どもの学習への動機付けにはなった, と. その活動を通して, 正に学力の育成につながるわけですね. 全国学力・学習状況調査でも, 野原さんが大事にしようとしている授業とそこで育成されるべき学力とは何かを垣間見ることができると思うのですが.

野原：はい, そうだと思います. 学力学習状況調査では, 問題解決の過程に沿って設問が配置されています. それは日常的な授業と関連していると捉えられます. 学力学習状況調査問題で正答率に課題が指摘されている場面というのは, 考えや知識を作り出すような過程です. この課題は今までずっと指摘され続けてきているわけです. そういった意味でも, 考えや知識を作り出す授業作りというのは, これからも大事に

していかなければならないと考えています.

## 理科授業で育成を目指す学力を分析する

森本：1章では，学力を説明することばとして，「認知的スキル」を用いてきました.「認知的スキル」を仮にこのように捉えるとすると，子どもの考えの表現について「これは認知的スキル」,「これは認知的スキルじゃない」,あるいは，どれが高次とか基本的な認知的スキルなのか，というように捉えられてしまうことはないでしょうか.

野原：まず，本文の**表1.1**に示しているところと関連して話をします.日本の資質・能力で言う「知識及び技能の習得」は整理をすると基礎的認知的スキルと言えます.読み書き計算，理科で言えば，ことばを知っている，水溶液，てこ，振り子，そういったものを知っていて，その規則，原則というようなものも知識です.技能で言えば，観察，実験に関わる操作や器具の名称や使い方が当てはまります.知識及び技能は大事だと思いますが，私は特に高次の認知的スキルと関連する思考力・判断力・表現力等の育成が重要だと考えています.問題解決に必要な力，知識や考えを作り出す創造性，そういったものを高次の認知的スキルに当てはめられます.

森本：なるほどね.初めの問題意識，勉強の面白さを起点にして子どもたちに学力をつけるということは，知識，技能も考える力もなにもかもということではなくて，一番大事なのが思考力・判断力・表現力，自分で考えて自分でこれでいいって表現していく，そういうことを一番大きな柱にして，高次の認知的スキルが育成されて，その結果として知識とか技能が身についてくると.そういう力みたいなものを育成していきたいんだと考えていいでしょうか.

　そういった子どもの思考力・判断力・表現力を価値付けて評価していくことが，勉強の面白さ，学力の形成につながっていくと思うんですよね.1章で子どもの表現が2つ，描画，あるいはイメージ表現として出てきます.野原さんは，子どものこういう表現がまさに子ども

　　　の思考力・判断力・表現力の具現化された姿だというふうに捉えています．子どもなりの表現を軸にした授業を進めていくということは，思考力，判断力，表現力を育成するってことはわかる．一方で，子どもの表現だから，そこには曖昧さもあると思います．それをあえて授業の中で取り上げていくのは意味があるのでしょうか．

野原：図1.3は，回路概念に関わる子どもの記述です．こういったイメージを軸にした理科授業を私は小学校の教員時代に積み重ねてきました．図1.3のような表現の方法を子どもが選択できる授業展開をすることによって，ことばだけではなかなか説明ができない子どもにとっての助けになる場面はたくさんありました．イメージに基づいた表現を先生が子どもの考えとして価値付けて，授業の中で取り上げていくことで考えや知識を作り出すといった，学習の楽しさにもつながっていくのではないかと思います．まず，子どもに自分の考えを表現する楽しさを感じさせたい，そういう意味では，図1.3のような子どもの表現を引き出す授業展開は有効でした．思考力・判断力・表現力を育成の素地と言えます．

森本：なるほどね．思考力・判断力・表現力の育成を重視する授業では，子どもなりの表現を中心にしながら授業を進めるということですね．子どもの表現は的確に捉えにくいところはあります．だけど，子どもの動機付けとして非常に大事なんだと，まさに考える面白さを生かしながら，大事にしながら授業を進めるということですよね．先生がきちんと価値付けて，「面白いね」，「これが電流だね」，「粒だね」と先生も子どもの表現に対して関わっていく．だから，子どもも自分の考えについての説明をする．それに対して先生も積極的に価値付けて，子どもが表現しきれないところを補ってあげる．そういうことが大事だと聞きました．子どもの表現をどう価値付けたら，子どもはさらに次のステップに考えを進められるか，あるいは深めることができるか，先生が働きかける視点について話をしてもらえますか．

野原：いくら自由に表現させたとはいえ，教師が子どもの表現を価値付ける

視点というのは，**図1.3**のような子どもの思考と表現を軸にした授業をすればするほど重要になります．私がこうした授業を実践していた時は，現場の先生方からどのように指導，評価すればいいのかという質問はかなりありましたし，その時どのような視点で先生方に答えればいいかなと悩んでいました．これについてしっかりと説明できるものとして，**表1.2**のホワイトが示したモデルはとても有用です．この視点から，子どもの考えの表現を価値付けられると思います．

　イメージというものを大事にはしてきたという話をしてきましたが，それも1つの要素であるというふうに捉えていきたい．子どもはイメージを出すことによって，知識や考えを作り出しやすいということもありますが，一方で教師は，それを1つの要素と踏まえた上で，授業の中では**表1.2**の諸要素に基づいて，それぞれの要素と関連付けて，子どもの考えや表現を価値付けていくということが大事だと思います．

森本：そうすると，子どもの考えや表現を価値付ける視点として**表1.2**が有効なんだということですね．それを活用していくことが子どもの考えを深めることに繋がっていく，そういう話でしたね．

　常に先生は子どもの書いているもの，あるいは言っていること，話をしていることに，**表1.2**にあるような視点からアンテナを張って，この子どもはまだイメージとことばで話をしているなとか，あるいは，この表現はいわゆる知識，命題だけみたいな事は頭にあって，それをイメージとして咀嚼できていないなとか，そういう視点で子どもたちの表現を見ながら，彼らの思考力・判断力・表現力の成果を見て行こうと，そういうふうに捉えていいわけですかね．

野原：そうですね．例えば**図1.3**を子どもに説明としてと促す，これはどういう意味なのかちょっとみんなに説明してみてというところから，イメージについての子どもの説明が始まる．こうすると，どの要素との関連で子どもが自分の考えを表現しているのか見えてきます．**表1.2**を活用する視点です．

### 授業を進める上で，学力の要素をどう評価し，指導に生かすこと

森本：なるほどね．図1.3のような，子どもの回路の説明について先生が問う，あるいは他の子ども達もその中身について問うように仕向ける．そうすることによって，子どもが考えを深めるきっかけになるという話でした．授業の中でも，それこそ発問ということばがあるように，子どもに対して何か考えを求めるとか，あるいは子どもが何を考えているのかというフィードバックを常に先生が授業をする時に心がけていることが大事だと思うのです．フィードバックの中身から学力の育成の上で考えなければ，変えていかなければいけないということもあると思いますが，どうですかね．

野原：そうですね．それも表1.2に関わる要素で少し説明ができると思っています．例えば，図1.3では，プラス極からマイナス極，両方から電流が流れているという，いわゆる衝突説といわれているような子どもの考えですけども，こういった考えを授業者は子どものイメージとしてしっかりと受け止め，どのような考えであるか引き出していく必要が当然出てくる．図1.3では電気ちゃんが，といった話になっているんですけど，こうした比喩による表現も認めていきながら，回路，電気が通っているということばに近づけるように，子どもの表現を借りながら学習を進めていく必要があると思います．ちゃんと電気が通るってどういうことなのか，電気が通ることによって豆電球に灯りがつく，電気が通ることによって何か物を動かすこと，それを電気の通り道，回路っていうんだねってと，子どもの表現に則して，授業を進めていくという事が大切だと思っています．そのためにも表1.2という諸要素の視点が，これからますます必要になってくるのではないかと考えています．

森本：なるほどね．どうフィードバックするかという視点として表1.2を使っていくんだ．表1.2にあるようないろんな要素を常に考えていかなきゃいけないんだという事を子どもに獲得させる．まさに学力の視点として獲得させる，そういう話になります．

　この意味から，ヴィゴツキーの認識の三角形について述べています．自然事象を捉える視点として，**表1.2**にあるようなことば，イメージ，定義，あるいはエピソード等を「道具」として，先生がフィードバックしたものを今度は子どもたちがそれを使えるようにするというところに，「道具」という独特のことばがあると思います．フィードバック，その次に子どもがそれを「道具」として使い込んでいけるようにする，という繋がりで考えていいわけですか？

野原：はい，**表1.2**を教師も子どもも「道具」であると認識し，それを念頭において授業を進めていくことが必要と思っています．それが自覚的に，最終的には子どもが自ら「道具」として使って，新しい考えや知識を作り出していけるようにする過程が大事になっていくと思います．今自分たちが考えていることを表現し，その考えを確かめるための実験，観察では何が必要なのかというものを検討する，その際に必要なものが「道具」にあるという考え方だと思います．

森本：なるほどね．学力ということが1章の中での非常に重要なキーワードだったわけですけども，理科授業で考えてくると，**表1.2**に類する，知識を作ったり，あるいは考え方を作ったりするための視点を**表1.2**を使いながら身につけていく．それは子どもにとっても，自分の考え方を常に前面に出していけるような知的な楽しさみたいなものを出していけるというふうに考えてっていいわけですかね？

野原：そうですね，問題解決の過程において常にこの「道具」を使うことを，子どもと教師が意識して授業を進めていくことで，考えや知識を作り出していく授業の実現がなされていくと思っています．

森本：そうですね．学習指導要領では，「認知的スキル」として知識，技能とか，あるいは思考力・判断力・表現力の育成ということが言われているわけですけども，それと，**表1.2**との関係というのはどういうふうに捉えたらいいですか？

野原：学習指導要領で示されている学習内容についても**表1.2**で整理することはできるんじゃないかと私は思っています．**表1.2**の例は学習指導

　　　要領で示されている内容に則して整理しています．そういった意味も
　　　踏まえると，これからの理科授業でも，**表1.2**の諸要素を視点として
　　　学習内容を分析していく必要もあると思います．

森本：なるほどね．どこでも言われているようなことではないわけですけど
　　　も，「認知的スキル」を中心にした学力についての考え方，その1つ
　　　の提案，あるいは解釈というふうに考えていっていいわけですね．そ
　　　れは授業の中でも十分活用というか適用しうるというふうに考えてい
　　　いわけですよね？

野原：そうですね．

**引用文献**

アイゼニック，M. W.（1998）『認知心理学事典』（野島久雄他訳），新曜社，440-441.

松下佳代（2013）「新しい能力概念と教育」松下佳代編『新しい能力は教育を変えるか
　　　──学力・リテラシー・コンピテンシー』，ミネルヴァ書房，2.

文部科学省（2017）『小学校学習指導要領解説（理科編）』，東洋館出版社，38.

文部科学省・国立教育政策研究所（2015）「平成27年度全国学力・学習状況調査・質問紙
　　　調査報告書」，57-60.

森本信也（2020）「理科教育において育成する学力とその課題」森本信也編『授業で語る
　　　これからの理科教育』，東洋館出版社，10-12.

──────（1999）『子どもの学びにそくした理科授業のデザイン』，東洋館出版社，15-17.

野原博人・小川泰明（2017）「理科授業における能動的な学習へ関与する要因についての
　　　事例的研究」『臨床教科教育学会誌』第17巻，第1号，73-82.

ヴィゴツキー，L. S.（2003）『「発達の最近接領域」の理論──教授・学習過程における子
　　　どもの発達』（土井捷三・神谷栄司訳），三学出版，22-23.

ホワイト，R. T.（1990）『子ども達は理科をいかに学習し，教師はいかに教えるか──認
　　　知論的アプローチによる授業論』（堀哲夫・森本信也訳），東洋館出版社，35.

　　　　　　　　　　　　　　　　　　　　　　　　　　　　　　　（野原博人）

# 第2章　理科授業で育成する学力の考え方を広げる

## 2.1　学力の考え方に何を新たに加えるのか

　1章で明らかにされた理科授業で育成する学力についての考え方はこうでした．子どもは観察，実験から得られたデータを読み解き，解釈を加え，新しい考えを作り出す．この繰り返しにより，子どもは，今まで持っていた科学概念をさらに広げていく，という捉えでした．広く行き渡っている考え方です．

　知識を記憶することに重点を置くのではなく，知識を子どもが作り上げていくこと，それを重点事項としています．言い換えれば，思考力・判断力・表現力等と知識・技能の習得とを融合して機能させる，というように捉えられます．これらは主に，育成すべき資質・能力のうちの2つが目標とする内容でした．

　ところで，資質・能力にはすでに述べたようにもう1つあります．「学びに向かう力，人間性等」です．この能力は1章で重点的に分析した2つの能力とは少し性質が異なります．中央教育審議会の答申では，これを次のように指定しました（中央教育審議会, 2019：9）．

　　「「学びに向かう力，人間性」には①「主体的に学習に取り組む態度」としての観点別評価を通じて見取ることができる部分と，②観点別評価にはなじまず，こうした評価では示しきれない個人内評価（個人のよい点や可能性，進歩の状況について評価する）を通して見取る部分があることに留意する」．

　ここでは子どもが論理的に知識を作り上げる過程についての分析ではなく，子どもが主体的に，すなわち自らの力で意欲をもって学習を進めるといった，いわば情意的な側面への注視を指摘しています．このことは，次に示す「主体的に学習に取り組む態度」としての観点別評価の視点に如実に示されました．

　　「子供たちが自ら学習の目標を持ち，進め方を見直しながら学習を進め，その過程を評価して新たな学習につなげるといった，学習に関する自己調整を行いながら，粘り強く知識・技能を獲得したり思考・判断・表現しようとしているかどうかという，意思的な側面を捉えて評価する」．

　1章で紹介された子どもの描画や発言には，確かにここで指摘されたような「意思的な側面」を背景とした表現を見ることができます．子どもが粘り強く問題解決の過程を踏まえながら考えを進めること，あるいは自分なりのイメージから考えを表現したいという意欲を持つこと，自分の学習過程を振り返りながら先へ進もうとすること等を，彼らの表現の中から容易に見出すことができます．

　これは思考力・判断力・表現力等，知識・技能の習得とは明らかに異なる能力です．まさに，子ども一人ひとりが学習を自分なりに進めようとする「意思的な側面」の表れです．

　1章では，問題解決能力としての思考力・判断力・表現力等の育成や知識・技能の習得といったいわば客観的に評価できる能力について分析しました．これは文字通り，子どもだけではなく，人が何かを認知するときに機能します．ここで中心となるのは，問題解決能力であり，知識を生み出すために必要とされます．これは，認知的スキル（cognitive skill）と呼ばれています．

　一方，こうした能力を獲得する過程においては，「主体的に学習に取り組む態度」で示された，子ども一人ひとりの「意思的な側面」も適切に機能しなければ，資質・能力の適切な育成は期待できないのも事実です．諦めずに問題を追究したり，意欲的に活動に子どもが取り組まなければ，こうした学習は成立しないからです．1章での子どもの表現を見ればこのことは容易に理解できます．

　子どもが自分の意思や気持ちをコントロールしながら学習を進めることも，彼らに育成すべき重要な能力として捉えることが必要であることが明らかです．この能力を，認知的スキルに対して非認知的スキル（non-cognitive skill）といいます．

　非認知的スキルに関して，ノーベル経済学賞を受賞したヘックマンの指摘は有名です．彼は幼児期からの非認知的スキルの育成が，子どもの成長にとって重要な要因となることを指摘しました（Heckman, Sixrud, & Urzua, 2006 : 41-82）（ヘックマン, 2015 : 10-43）．子どもが将来，貧困に陥ったり，適切な職業選択ができなかったりする事態を避ける上で，幼児教育における非認知的スキルの育成が重要であることを多くの事例を基に指摘しました．幼児期に育成したこうした「スキルが（次の）スキルをもたらし，能力が将来の能力を育てるのだ」，と．

　当然のことですが，幼児期だけではなく，就学時そして思春期においても，こうしたスキル育成の重要性とその効果について，他の研究者，例えばドウェックによって指摘されています．子どもの「成長的思考態度（growth mindset）」，すなわち「自分はやればできる，だから学び続ける，続けたい」という研究で有名です（ドウェック, 2015 : 63-67）．

　こうした指摘を踏まえるとき，重要なことは認知的スキルと非認知的スキル双方を，将来の市民としての子どもの学力の育成には重要な要素として捉えていく必要がある，ということです．言い換えれば，両者を表裏一体となって機能させることにより，適切な学力の育成はなされると言えます．資質・能力の育成においては，1 章での議論に加え，さらにこうした視点を踏まえた，子どもへの指導が重要です．

　実際，OECD は加盟 9 ヶ国の調査結果から，このことを実証し，次の指摘を行いました．（この報告書では，非認知的スキルを特に，社会情動的スキル（social and emotional skills）と呼んでいますが，その内実は同じです）「社会情動的スキルは，認知的スキルと相互作用して，お互いを刺激し合い，子どもたちの今後の人生においてプラスの成果を成し遂げる」（経済協力開発機構（OECD）, 2018 : 20）．

　非認知的スキルが認知的スキルを駆動する契機となり，それが授業において

持続することにより，子どもへの適切な学力育成がなされると考えられています．知識や論理的な思考方法についての理解はあっても，それを適切に働かせようとする子どもの意思，すなわち非認知的スキルがそこに介在しなければ，学力は育成されないとの指摘です．このことを理科授業の目標として反映させていくために，非認知的スキルの中身についてさらに詳しく分析してみましょう．

## 2.2　授業で育成すべき非認知的スキル

　ガットマンとショーンは非認知的スキルに関わる心理学における研究成果をレビューし，その結果から，**表2.1**に示す主なスキルを抽出しました（Gutman, & Schoon, 2013：9-30）．これらの要素は，一つひとつバラバラな状態で機能するというよりも，実際には，いくつかの組み合わせにより機能すると捉えたほうが，実際の子どもあるいは人の活動を分析したり，支援したりする際には有用です．また，これら以外の提案もありますが，基本的な要素はここには整理されているように思えます．

　**表2.1**に示された非認知的スキルの内容は，多くの教育関係者にとって納得できるものでしょう．また，多くの学校における子どもの指導は，こうした視点からなされています．例えば，1章で紹介したように，子どもが学習の成果をイメージや描画で表現した時，「わかりやすいね」，「面白い考えだね」と評価をすれば，子どもは「自己効力感」を持つことができます．それは，子どもがさらに学習を深めることに寄与します．非認知的スキルの重要性はここにあります．

　子どもがもつ非認知的スキルを呼び覚まし，自覚させたりすることが認知的スキルの向上に寄与します．子どもに「粘り強く」，「諦めない」で学習することを教師が求め，励ますことが，こうした能力を誘発します．教師がこうした視点を持つことで，子どもの学力は徐々にではありますが，育成されていきます．

　「自己効力感」，次いで学習への積極的な関わりを促し，「粘り強く」学習を

## 表2.1　非認知的スキルの種類と内容

| |
|---|
| ・自分の能力についての捉え（self-concept of ability）．例えば，教科の学習において，自分の能力を捉えること．<br>・自己効力感（self-efficacy）を持つ．自分の有用性を実感すること．自己効力感は認知的スキルと非認知的スキル双方の伸長に寄与する． |
| ・何かを成し遂げようとするときにとる態度．頑張ればできるようになる（成長的思考態度，growth mindsets）と捉えるか，能力は予め決まっているのでやっても何も変わらない（固定的思考態度，fixed-mindsets），と捉えるかにより，活動の成果の質は左右される．<br>・期待－価値理論（expectation-value theory）．活動の価値を理解し，うまくできそうだと思うこと．例えば，活動の意味を適切に理解し，できそうだという見通しを持つこと． |
| ・粘り強さ（perseverance），活動への深い関り（engagement）．強い意欲のもとで，活動に取り組むこと．活動への深い関りはその成果の質を高める．<br>・長期的に目標に向かって熱意を持って活動し続けること，グリット（grit）． |
| ・目標達成のために一時的な感情や行動を抑制すること（self-control）． |
| ・目標を明確に意識し，その実現のために必要とされる組織を作り（social competencies），管理，運営しようとすること（leadership）．<br>・他者と能動的に関わる能力（social skills）．コミュニケーションする，共感を示す，良い人間関係を作る，協働しようとすること． |
| ・困難な状況にあっても，その状況から明確な意思のもとで，回復しようとすること，レジリエンス（resilience）．<br>・明確な意思を持って，一貫してストレスに向い，回避しようとすること（coping）． |

進めることについて子どもがその効力を実感すれば，新たな学習機会が彼らには訪れます．彼らは一人ではなく，仲間と協力して学習するほうがより広く，深い理解が得られることを実感していきます．すなわち，「社会的に関わる力」の重要性を自覚し，協働的な学習に取り組み，こうした成果を得ることです．そして，こうした学習経験の蓄積が，子どもにおいて新しい世界を開発することを可能にします．

　非認知的スキルが認知的スキルを広げ，向上させることに寄与することが明らかです．上述した非認知的スキルと認知的スキルとを一体化して捉え，指導と評価において機能させることにより，子どものこうした学力は育成されていくのです．1章で見たような子どもの表現を教師が常に見据え，そこに子どもの学習可能性を発掘していくとき，こうした指導は明瞭にその成果を表します．

　上述したように，OECD は非認知的スキルを社会情動的スキルと呼んでいますが，表2.1と同様に，その要素として粘り強さ，他者との協働等を挙げて

います．また，認知と非認知両者を併せ持つものとして創造性，批判的思考力
等も挙げています（経済協力開発機構（OECD），2018：52-56）．非認知的スキルの重
要性，その認知的スキルとの関連性について，研究と実践レベルにおいて，広
くコンセンサスが得られているのが明らかです．

　さらに，こうしたスキルの伸長過程についても同じ視点から論じられ，一定
の理解が得られています．例えば，ブルック・スタンフォード―ブリザール
（Stanford-Brizard., 2016：5-7）は上述した視点に立った幼児教育実践の経験から，
図2.1に示すように，幼少期からの積み上げにより，小学校や中学校での学力
としての発展可能性を望めるとの指摘を行っています．日本の学習指導要領が
幼児教育（幼稚園・保育園・認定こども園）から高等学校まで，資質・能力という
同一の学力育成を目標としていますが，その充実にはこうした視点からの捉え
が必須だということです．

　図には，表2.1に示されたような要素と，それ以前に育成しておくべき要素
が示されています．これらを幼少期からを積み木のように積み上げながら子ど
もの活動を支援することにより，スキルの伸長には効果のあることが指摘され

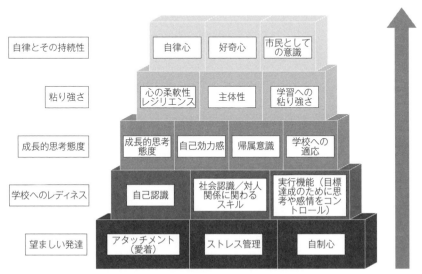

図2.1　学習を充実させるための積み木

ました. 図の概要は次のように捉えられます.

　図の右端の矢印は発達の方向です. 図の最下段の積み木にはアタッチメント（愛着）があります. 幼児期に親により常に愛情をこめてケアを受けた子どもは, ストレス管理ができるようになり, 次の段階で, 社会認識・対人関係に関わる能力を身に付けられ, 思考や感情をコントロール（実行機能）できるようになります.

　就学前にこのようなスキルを身に付けられると, 自分でコントロールしながら見通しを持って活動（成長的思考態度）できたり, 自己効力感を感じることができ, 粘り強く自分で活動を進められる（心の柔軟性, 主体性）ようになっていきます. そして, 最終的に自律する心を持ち, 自分の意思で活動を進められる（好奇心）ようになります.

　小学校における低学年での学習指導, さらには中学年に向けた指導の視点として捉えることが十分可能です. むしろ, 加味した学習指導が必要と考えられます. タフもこうした基礎に立ち, 中学生や高校生における指導の充実, 能力の伸長の可能性を指摘しました（タフ, 2013：85-91, 2017：27）.

　こうして, 子どもに育成すべき学力について, 知識や論理の習得過程に, 非認知的スキルという視点を加味することで, 子どもが学習を通して, 何を獲得し, あるいは獲得過程にあるのかを的確に指導したり, 評価することができるようになります. 教科教育での視点の取り入れの重要性が明らかです. その検討が次の課題です.

## 2.3　理科授業における非認知的スキルを加味した学力の具現化

### （1）全国学力・学習状況調査・質問紙調査からの分析

　文部科学省による全国学力・学習状況調査で, 理科を取り上げた直近のデータから, 理科授業における非認知的スキルを加味した学力の実態について推定してみたいと思います. その際, **表2.2**に示す平成30年度全国学力・学習状況調査・質問紙調査結果を素材にして分析をします（文部科学省・国立教育政策研究所, 2017：180-184）.

表2.2　平成30年度全国学力・学習状況調査「児童生徒質問紙」選択肢別平均正答率(理科)

| 質問番号 | | 質問事項 | 選択肢 | 小学校 | | 中学校 | |
|---|---|---|---|---|---|---|---|
| 小 | 中 | | | 理科A | 理科B | 理科A | 理科B |
| (1) | | 自分には，よいところがあると思いますか | 当てはまる | 80.1 | 58.5 | 69.9 | 66.4 |
| | | | どちらかといえば，当てはまる | 78.0 | 56.0 | 69.0 | 66.1 |
| | | | どちらかといえば，当てはまらない | 74.1 | 52.6 | 65.4 | 63.1 |
| | | | 当てはまらない | 71.5 | 50.8 | 62.5 | 60.8 |
| (2) | | 先生は，あなたのよいところを認めてくれていると思いますか | 当てはまる | 80.0 | 58.2 | 70.5 | 67.0 |
| | | | どちらかといえば，当てはまる | 78.1 | 56.2 | 68.7 | 65.9 |
| | | | どちらかといえば，当てはまらない | 73.6 | 52.0 | 64.2 | 61.9 |
| | | | 当てはまらない | 69.7 | 49.6 | 61.0 | 59.0 |
| (45) | | 理科の授業で，自分の考え〔や考察〕をまわりの人に説明したり発表したりしていますか | 当てはまる | 82.8 | 61.8 | 77.0 | 73.2 |
| | | | どちらかといえば，当てはまる | 80.1 | 57.9 | 72.9 | 69.7 |
| | | | どちらかといえば，当てはまらない | 76.2 | 54.1 | 66.8 | 64.0 |
| | | | 当てはまらない | 70.7 | 49.6 | 59.8 | 57.5 |
| (49) | | 【小学校】理科の授業で，観察や実験の結果から，どのようなことが分かったのか考えていますか／【中学校】理科の授業で，観察や実験の結果をもとに考察していますか | 当てはまる | 82.1 | 60.6 | 75.5 | 72.0 |
| | | | どちらかといえば，当てはまる | 77.7 | 55.5 | 69.0 | 66.2 |
| | | | どちらかといえば，当てはまらない | 71.0 | 49.2 | 60.9 | 58.4 |
| | | | 当てはまらない | 63.9 | 43.9 | 54.1 | 52.0 |
| (50) | | 理科の授業で，観察や実験の進め方や考え方が間違っていないかを振り返って考えていますか | 当てはまる | 81.0 | 59.2 | 75.5 | 71.9 |
| | | | どちらかといえば，当てはまる | 79.2 | 57.2 | 70.5 | 67.4 |
| | | | どちらかといえば，当てはまらない | 75.6 | 54.0 | 64.6 | 62.0 |
| | | | 当てはまらない | 70.3 | 49.4 | 57.9 | 55.9 |
| (55) | (52) | 5年生まで〔1，2年生のとき〕に受けた授業では，課題の解決に向けて，自分で考え，自分から進んで取り組んでいたと思いますか | 当てはまる | 82.1 | 61.0 | 75.6 | 71.4 |
| | | | どちらかといえば，当てはまる | 78.9 | 56.7 | 69.1 | 66.2 |
| | | | どちらかといえば，当てはまらない | 73.0 | 50.9 | 60.9 | 59.0 |
| | | | 当てはまらない | 65.8 | 45.3 | 54.2 | 53.2 |
| (56) | (53) | 5年生まで〔1，2年生のとき〕に受けた授業で，自分の考えを発表する機会では，自分の考えがうまく伝わるよう，資料や文章，話の組立てなどを工夫して発表していたと思いますか | 当てはまる | 82.1 | 61.0 | 74.7 | 71.1 |
| | | | どちらかといえば，当てはまる | 79.8 | 57.9 | 71.1 | 68.1 |
| | | | どちらかといえば，当てはまらない | 75.5 | 53.3 | 65.6 | 62.8 |
| | | | 当てはまらない | 70.1 | 48.6 | 59.3 | 57.0 |
| (57) | (54) | 学級の友達と〔生徒〕の間で話し合う活動を通じて，自分の考えを深めたり，広げたりすることができていると思いますか | そう思う | 80.4 | 58.8 | 71.9 | 68.7 |
| | | | どちらかといえば，そう思う | 78.8 | 56.8 | 69.0 | 66.2 |
| | | | どちらかといえば，そう思わない | 74.3 | 52.4 | 63.3 | 60.5 |
| | | | そう思わない | 70.2 | 49.4 | 59.1 | 57.0 |

(注)表におけるAは主に知識・技能を，Bは思考力・判断力・表現力を問う問題.

　表2.2には，子どもが主に理科授業に臨むときの意識事例が，質問事項として示されています．質問事項は4つの選択肢からなっています．子どもが内容について，支持する度合いにより分けられています．そして，それぞれの選択肢ごとの理科の正答率が示されています．表2.2に示した質問事項は，非認知的スキルの要素として捉えられる可能性のあるものを抽出しました．

　もちろん，この調査では，非認知的スキルと教科の正答率との関係を明確に問うてはいません（自己効力感は学習成果に影響を与える要素としては，捉えられています）．しかし，子どもの学習成果に非認知的スキルが関与していることを推定するに値する内容が示されていると思います．

　実際，このような試みは山田により，平成29年度全国学力・学習状況調査を対象にしてなされています（山田, 2017：23-24）．すなわち，質問紙調査の質問事項から，「非認知スキル」を把握するために，関連すると思われる項目の抽出を行い，国語，算数・数学の正答率との関係について統計分析が行われています．

　本書では統計分析の手法は用いませんが，上述した理科授業を対象にしてなされた意識調査から，非認知的スキルの抽出を試み，認知的スキルとの関連性について分析します．

　表2.2には，質問事項について，4つの選択肢ごとの理科の正答率が示されています．この選択肢で「当てはまる」という肯定的な回答をした者ほど，小学生，中学生共に理科A・Bの正答率が高くなっていました．このことは質問事項の内容，つまり学習に臨む子どもの意識と学習成果とが関連性のあることが推定できます．言い換えれば，質問事項の内容を，理科授業において機能し得る非認知的スキルとして捉えることができるのです．それを分析すると表2.3のように整理するができます．

　表における質問事項は，理科授業における問題解決の過程に，特に焦点をあてた内容になっています．考察で自分の考えを作ること，対話を通してこれらの内容を広げたり，深めたりするためにその表現方法を工夫すること等，に焦点が当てられています．理科授業では最も重要で，中心となる過程だからです．

　もちろん，これら以外に問題を見出し，予想や仮説を作る過程の前提になっ

表2.3 理科授業において機能し得る非認知的スキルの例

| 質問事項 | | | 中心となる非認知的スキル |
|---|---|---|---|
| （1）自分にはよいところがあると思いますか．<br>（2）先生は，あなたのよいところを認めてくれていると思いますか． | | | 自己効力感 |
| （49）（小学校）理科の授業で，観察や実験結果から，どのようなことが分かったのかを考えていますか．<br>（中学校）理科の授業で，観察や実験結果をもとに考察していますか． | | | 成長的思考態度，粘り強さ，困難な状況から回復する力（レジリエンス） |
| （50）理科の授業で，観察や実験の進め方や考え方が間違っていないかを振り返って考えていますか． | | | 成長的思考態度，粘り強さ，困難な状況から回復する力（レジリエンス） |
| （55） | （52） | 5年生まで（1，2年生き）に受けた授業では，課題の解決に向けて，自分で考え，自分から進んで取り組んでいたと思いますか． | 成長的思考態度，粘り強さ，困難な状況から回復する力（レジリエンス） |
| （45）理科の授業で，自分の考え（や考察）をまわりの人に説明したり発表したりしていますか． | | | 自己効力感，成長的思考態度，粘り強さ，社会的に関わる能力 |
| （56） | （53） | 5年生まで（1，2年生のとき）に受けた授業で，自分の考えを発表する機会では，自分の考えがうまく伝わるよう，資料や文章，話の組み立てなどを工夫して，発表していたと思いますか． | 自己効力感，成長的思考態度，粘り強さ，社会的に関わる能力，困難な状況から回復する力（レジリエンス） |
| （57） | （54） | 学級の友達と（生徒）の間で話し合う活動を通して，自分の考えを深めたり，広げたりすることができていると思いますか． | 自己効力感，成長的思考態度，粘り強さ，社会的に関わる能力，困難な状況から回復する力（レジリエンス） |

（注）（ ）内の番号は質問紙における質問番号．2列の番号表記は，左が小学校，右が中学校の質問番号．

ており，この活動にも同様の分析をすることが可能です．実際，平成27年度調査では質問事項として取り上げられています（文部科学省，2014：151）．

表2.3における分析を概観すると明らかなように，考察に関わる活動には多くの非認知的スキルが融合して機能していることが明らかです．もちろん，実際，授業においてこれらすべてを取り上げることは不可能です．

しかし，理科授業において自己効力感が育成されている教室では，これを取り立てて取り上げることは不要です．また，こうした教室では連動して，粘り強さ，困難な状況にあっても克服しようとする力，さらには協働する力も育成されている可能性もあります．必要なことは，教室ごとに必要とされるスキル

を選択し，重点化して，指導することだと思います．こうしたことを前提として，**表2.3**で推定した非認知的スキルが問題解決の過程でどのように関わっているのかを分析し，簡単に説明してみましょう．

　先ず（1）（2）を見てみましょう．2つの質問で共通しているのは，子どもが自分の良さを認められ，自覚し，その結果，自分の活動に意味や価値のあることを実感しているか否かを問うていることです．「いい発想だね」，「いい表現だね」等，単なる賞賛ではなく，子どもは価値付けをされることで，自己効力感を生み出し，次の学習の強力な動機付けになっていきます．正答率の選択肢ごとの変化からこのことは推定できます．

　一方，このような働きかけの経験の少ない，あるいはない者に自己効力感はあまり生まれません．自ら学習しようという意欲が，生まれにくいのです．教師や仲間の働きかけ，それだけの要因ですが，子どもの認知的スキルを向上させる働きがあるのです．非認知と認知の関りが明瞭です．

　（49）（50）は，自覚的な学習の振り返りについての質問です．自分の考えについて改めて吟味することを，行っているか否かが問われています．ここでは，成長的思考態度育成の有無が問われていると思います．それには，教師や仲間からの支援があれば，自分は考えを進められるという経験が必要です．こうした経験の蓄積が成長的思考態度を育てます．すなわち，「自分はできる」，という学習に対する自信を育てるのです．

　それは，メタ認知方略を育成する契機となります．自分の考えを見つめ，教師や仲間の手を借りながら学習を自分で進めようとする力です．この力が育成されると，粘り強く，途中であきらめないで，自分の考えを吟味し，深めようとする力も，同時に生まれてくるのは必然でしょう．1つの非認知的スキルの育成が，別のスキルを生み出し，これらが融合しながら，学習を充実させます．その発展した形は（55）（52）の質問事項に見ることができます．

　こうした推定の証拠は，ここでも正答率の選択肢ごとの変化に見ることができます．非認知と認知の関りが明瞭です．

　（45）は（55）（52）の育成を前提とし，積極的に仲間と協働して学習しようとするスキルの育成を見ます．（57）（54）も同様な活動から，学習の質を深め

る活動をしているか否かが問われています．ここでは，子どもが自分なりに考え，相手に伝える工夫の有無が問われ，その充実度は上述した質問事項と同様に正答率から推定することができます．（56）（53）では仲間と関わる際，適切な手段を選択しているか否かという，関わり方の質が問われています．

　これらすべてに共通している非認知的スキルで，最も重視すべきことは，社会的に関わる能力，そして子どもなりに表現を工夫する創造性です．子どもが自分で考え，表現を工夫し，仲間に伝え，納得を得，考えを共有するという活動は考察において必須です．子どもが事象について考える源泉はここにあります．それは，再三指摘してきた認知と非認知的スキルが適切に融合した姿です．

### （2）理科授業における子どもの活動からの分析

　**表2.3**で分析した内容が，実際の理科授業においてどのように表れるのかを具体的に分析してみましょう．

#### 【食塩が水にどのように溶けるのかを予想している場面 (小学校第5学年)】

　Ｃ１：食塩は全体にある，食塩は見えないのに<u>重さは減っていない</u>ということとは，ビーカー内のどこかにある，見えないということは水に吸収されているので，食塩は全体にあると思う．

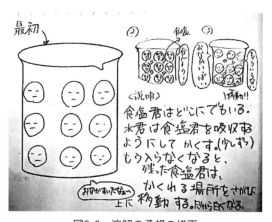

図2.2　溶解の予想の描画

C 2 ：(図2.2を提示) 食塩はどこにでもいる．**水くんは食塩くんを吸収**するよ
　　　うにして隠し，もう入らなくなると，隠れる場所を探しに移動する．

T 1 ：ここは？

C 3 ：水くんはお腹を空いているので，食塩くんを食べてお腹いっぱいにな
　　　ると，移動する．

C 4 ：C 3 さんと吸収するというのが一緒．

T 3 ：はい，物語語ってください．

C 5 ：昔むかし，あるところに，**水太郎が暮らしていてました**．ある日，天
　　　からでっかい食エイリアンが水の中に攻めてきて，水太郎の中に無理
　　　やり入ってきました．そして，くっついて，**食エイリアンは透明にな**
　　　**り**ました．

T 4 ：どこにあるの？

C 6 ：全体，水の中に入っているの，こういうこと．

C 7 ：**食塩は全体の水と水の間にずっといる**．食塩は上から下にだんだん少
　　　なくなっていたので．このあいだの，だんだん入れていったら，小さ
　　　くなって最後見えなくなったということ．

T 5 ：だからここにもあるし，ここにもあるということ．図が違っていたら
　　　言ってね．上から下に，全体にあると．なんか言いたいことある．

C 7 ：後に書いた．食エイリアン，完璧に，**完全に合体**している感じ．

C 8 ：水と水の間に**均等に広がっている**．濃さの違いによる蜃気楼が見えた
　　　ことや醤油を使ったとき，どこも**濃さは同じ**だったので，食塩はどこ
　　　も濃さは同じだと思います．

T 6 ：最後に何の話．

何人か：醤油．

C 9 ：食塩に全体に広がっていると思います．理由は，海水浴，旅行のとき，
　　　**海水を飲んでしまったとき**，どんなときも，**どこでも飲んでも変わら**
　　　**ない**．

T 7 ：この 3 つは．

何人か：全体にある．

（Ｃは子どもの発言で番号は発言の順序，Ｔは教師の発言で番号は発言の順序）

食塩が水にどのように溶けるのかを予想している場面では，**図2.2**の子ども
の予想について対話が進められ，予想の内容が仲間で徐々に納得を得，共有さ
れていきます．この授業において，子どもに育成されるいると推定されるスキ
ルは，**表2.5**のようにまとめることができます．

先ず，認知は科学概念が主であり，これから子どもに作り出されつつある内
容です．その萌芽を対話や描画に見ることができます．例示した授業場面にお
いて，アンダーラインで示した子どもの発言にそれらを見ることができます．
**図2.2**の描画についての子どもの考えですが，発言を経るごとに，意味ある内
容へと変化していきます．**表2.5**に示したように，子どもはこうした内容につ
いての有意味性を実感し，それが契機となって考えの変化をもたらしていった

### 表2.5　溶解の予想場面で子どもに育成されているスキル

| 認知的スキル | 非認知的スキル |
|---|---|
| 知識（科学概念）を作り出すこと：<br>・重さは減ってない（重さの保存概念）．<br>・水くんは食塩くんを吸収（水や塩の粒子のイメージ）．<br>・水太郎が暮らしていました，食エイリアンは透明になった（水や塩の粒子のイメージ）．<br>・食塩は水と水との間（水や塩の粒子のイメージ，均一性の概念）．<br>・均等に広がった（水や塩の粒子のイメージ，均一性の概念）．<br>・塩水は（味は）どこでも飲んでも変わらない（水や塩の粒子のイメージ，均一性の概念，生活への適応）． | ・自己効力感：<br>　一人ひとりの予想についての考えが徐々に精緻化されていくことから，一人ひとりは自分の考えが尊重されていることを実感している．<br>・成長的思考態度：<br>　子ども各自の考えを徐々に重ねることにより，その内容が広がったり，深まったりするのを見て，考えることに自信を持ちつつある．<br>・目標に向かって活動し続けること：<br>　自分と仲間の考えを比べ，吟味しながら学習を進めている．<br>・社会的に関わる能力：<br>　予想が次々と意味ある変化を見せることから，協働的に学習することの効力や意味を実感している．<br>・困難な状況でも，明確な意思のもとで目標を遂行しようとする：<br>　子どもが自分なりに納得できる表現をし，それを仲間が納得できるまで更新し続けている． |
| 思考力・判断力・表現力等の育成：予想や仮説を基に，解決の方法を発想し，表現する（単純な思い付きによる予想の発想ではなく，既習内容や経験をもとに，クラスの仲間と共に検証に値する内容を対話により吟味し，共有する）． | |

と思われます．表に示された認知と非認知とが関係を持ちながら機能した結果
です．

　当然ですが，科学概念の萌芽がこのように内容的に整理されることにより，
思考力・判断力・表現力等の反映である，観察，実験計画がより意味を持って
行われたことはいうまでもありません．

　実際の理科授業においても，子どもの表現を見るとき，認知的スキルと非認
知的スキルとが関連し，子どもの学力育成を担っていることを見ることができ
ました．子どもの指導の新たな視点が明らかになりました．

## 2.4　授業実践の中で非認知的スキルの意味を考える

　2.1～2.3において，非認知的スキルの意味，そして，理科授業実践において
果たされる機能について考えてきました．こうした内容について，対談を通し
てもう少し，掘り下げて考えてみたいと思います．対談は 2 章の執筆者森本信
也と本書の編著者の一人野原博人で行いました．

### 授業で果たされる非認知的スキルの機能
野原：図2.1に示された非認知的スキルの階層について，もう少し詳しく話
　　　をして下さい．
森本：先ず着目したいのは，図の一番下のアタッチメント．愛着です．幼児
　　　期の話ですけど，子どもが親に対して何か知ろうとしたり，欲しいと
　　　かいって働きかけるとします．それに対して親も，その欲求に対して
　　　適切に受け止めて返す．そうすることで，愛着，信頼関係が生まれま
　　　すね．子どもが何か知りたい，あるいはやりたいというときに何か働
　　　きかけることによって，必ず反応が返ってくる．
野原：それが愛着なんですね．
森本：幼い子どもだけじゃなくて，小学生だって同じだと思うんです．知り
　　　たいな，面白いなといったときに，知らないといって無視されたら，
　　　やっぱり，やる気は起きないわけですね，当たり前だけど．そういう

ものが，先ずあるんだという．学習の土台になってくる．すごく大事だと思うんですね．そうすると，これを土台にした態度みたいなものが次に育っていく．

　親と子どもだけに限定されない人間関係作りが生まれてきます．対人関係に関わるスキルが身に付いていく．今度は兄弟，あるいは幼稚園とか保育園の仲間とかに働きかけてみる．何かを聞いてみるとか，話してみると，自分とは違う世界も見えてくる．だから，世界が広がっていくわけですね．そうすると，愛着を土台にした対人関係についてのスキルが身に付いてくる．協働的に何かをしようとする態度が生まれてきます．

野原：それが認知的スキルとしっかりつながっているということですね．

森本：アタッチメントで考えると，例えば，親が絵本を読み聞かせしているときに，子どもが犬なら犬を指して，興味を持ったと．そうすると，親はワンワンねとか，ポチねとか，名前をつけて子どもの要求に応えようとします．ものには名前があって，それで猫とは違う．そういうことが子どもたちに教えられる．

　これは一般的に言われる足場作りとか足場がけです．子どもが今まで知らなかったところを，ちゃんと足場をかけて，ことばを教えてあげる．だから，アタッチメントと足場を作る，新しいものの世界に子どもたちを導いていく．認知と非認知的スキルが結びついているのがよくわかるんですね．

野原：認知的スキルと非認知スキルには関連性があるということですね．

森本：アタッチメントが充実すれば，対人関係も充実してくるという話と同じですよね．自分が知らないことを知っている，興味を持っている子が周りにたくさんいる．そこから学習していく．それも，やっぱり認知的スキルと非認知的スキルとの一致です．そういうものがなければ，子どもが認知的スキルを獲得するチャンスがないわけです．だからやっぱり認知と非認知は，非常に大事だというのがわかってきます．

野原：なるほど．

森本：これを基にして，さらに図2.1の上にある成長的思考態度が育ってい
　　　く．何かわからないとき聞いてみるとか，あるいは議論してみて，な
　　　んかいろんな情報があるぞと．つまり，自分は，そうした習慣や態度
　　　が根付いてるからできるんだと．勉強はこうやればできるんだと，と
　　　いうことを実感していく．それは成長的思考態度の考え方だと思いま
　　　す．

野原：他の要素も関連してきますね．

森本：自己効力感も同じことで，自分はできるんだと．そういう気持ちが生
　　　まれてくる．認知的スキルとやる気というか，気持ちというか，そう
　　　いうものがつながってきていることがわかります．認知と非認知がつ
　　　ながっているということがわかると思います．その上で，主体的に，
　　　自立して何か活動できる，何かを成し遂げられる，問題解決ができる
　　　ようになります．今までの非認知的なものが積み重なってきた成果と
　　　して生まれることだと思います．学習指導要領で謳われる「主体的・
　　　対話的で深い学び」の実現はこうした文脈で捉えるべきでしょうね．
　　　　このように考えると，やはり認知と非認知がいつも一体化であると．
　　　それから，きちんと働きかけることによって，それが伸びていくんだ
　　　というのがわかる．

野原：表2.1との関連はありますか．

森本：表2.1は，いろんなところで非認知的スキルについての研究がなされ
　　　ているわけですけど，それらの一覧というか，キーワードとしてあげ
　　　ています．必ずしもこれらが非認知的スキルとしてすべて取り上げら
　　　れなければならないという決めつけは必要ないのかなと思います．む
　　　しろ，認知の背景にこういう子どもの態度とか，気持ちとか，そうい
　　　うものがあるんだということを常に念頭に置きながら指導をするとい
　　　うことが大事だと思います．

野原：認知的スキルと非認知的スキルとの関連から，まず非認知的スキルを
　　　意図的に子どもを育てる上では，授業者がこれを念頭に置いて子ども
　　　に働きかけていくことの重要性についての話でしたが，もう少しお聞

きしたいことがあります.

　　まず非認知的スキルには，アタッチメント，社会認識，対人関係に関する能力が土台になっているということでしたが，非認知的スキルは，児童指導の土台となる学習風土を作っていく上で必要なものだと思います.

　　こうした視点は，授業を作る上で大切な学級経営の土台になってくるわけです.授業作りは学習風土や学級文化と言われているものの上に成り立っているという捉え方と，非認知的スキルの育成というものは関連していると考えていいのでしょうか.

森本：全くその通りだと思いますね.例えば，人の意見をちゃんと聞くとか，話に対してきちんと応答するとか，そういうものが学級経営とか，学習の風土を作る上での基本だと思います.こういった態度や気持ちみたいなものが育っていないと学習は成立しないと思います.つまり，**図2.1**で話したのは，子どもの学習のことですが，それは当然，学級経営だとか，授業するときの約束，ルール，そういったものとして反映されなければだめだと思いますね.

　　先生は日々子どもと接するときに，愛着とか，対人関係を大事にして，頑張れば勉強できるようになるんだよ，と励ましていると思います.まさに野原さんが言った通りなんですね.でも，その辺の視点は珍しくはないんだけど，やっぱりもっと，意図的にやることによって，子どもの力が伸びていくというように考える必要があると思うんですね.

## 授業で機能を果たされるべき非認知的スキル

野原：今おっしゃっていただいたように，授業作りというものと学級経営との関連が，非認知的スキルと認知的スキルの一体化においては重要であるということでした.非認知的スキルの育成の視点というものが，理科の授業の中で実現されているかということについて，お話をしていただけますか.

森本：表2.3は本文にもあるようにその手がかりになると思います．日本の現状として，小学校や中学校の理科授業で子どもたちが，どういう非認知的スキルを駆使しながら学習しているのか．その実態と成果として，認知的スキルがどう育っているかを，表から見ることができると思います．表2.3は全国学力・学習状況調査の児童生徒質問紙を事例にして，その中にあった質問の中で，認知的スキルと非認知的スキルが関連しているところを持ってきたんです．

　　　これを見ていると，非認知的スキルが授業の中でどのように機能しているのか，あるいは今，日本の子どもたちが非認知的スキルに対して，どういう実態なのかということを見ることができます．そして，この実態を踏まえると，非認知的スキルを指導の視点として使ったらどうか，という議論へと持ち込むことができると思います．

野原：なるほど．具体的にはどのような視点に着目したら良いのでしょうか．

森本：まず表2.3にある（1）（2），これは一番注目すべきだと思います．この（1）（2）は学力・学習状況調査の児童生徒質問紙の番号をそのまま使っています．

　　　まず（1）（2）は，自分にいいところがあるといった自己効力感を感じていることと成績，つまり認知的スキルとの関係を調べたものだと思います．先生や周りの仲間があなたのいいところを認めてくれていると思っている子どもは，やっぱり成績がすごくいい，認知的スキルが高かったという結果が示されたと思います．

野原：なるほど．認めてもらえているという安心感が大切なんですね．

森本：そういう子どもにはアタッチメント，愛着が機能しています．ちゃんと認めてもらえると，自分は出来ると思っているのです．この子どもは，（55）（52）に発展していきます．

　　　（1）（2）にあるように自分に自信の持てる子どもは授業で課題解決に向けて，自分で考えて取り組めるようになります．メタ認知が働いて，困ったなと思ってもなんとか頑張って粘り強くやっていくというように．そういう力が出てくると，自分はやればできるんだという

　　　　自己効力感を持てるようになって，ちゃんとみんなの話を聞きながら，それを自分でまとめながら，自分で解決に向けた目標をきちんと持って学習していくということができる．

野原：そういう子どもは，確かに認知的スキルが高いということですね．

森本：そう．それからさらに，質問紙番号の（56）（53）．これはさらにもう少し細かく聞いて，そういう課題解決するときに，当然周りから，情報収集するわけですけども，要するに自分の考えを分かりやすく，いろんな資料を組み立ててますか，という質問．やっている子どもの成績，認知的スキルは非常に高かったのです．自分にはいいところがすごくあると認められている．自分もそう思っている．そういうときには，自分で解決できるんだと．さらに自分で解決するときに，一人よがりじゃなく，ちゃんと工夫して，いろんな情報で人に説得しようとする．まさに社会的に関わる能力だとか，あるいは粘り強さやメタ認知だとか，自己効力感だとか，そういったものがね，子どもたちの中に育ってくると思います．

　　　　今言ったのは，すべての子どもたちではありません．そうじゃない子どもたちが，確かにいるわけです．理科に関する認知的スキルが10ポイントか20ポイントぐらい下がっています．これは非常に大きい問題だと思いますね．そういう子どもたち，能力差があるかっていったら，そうじゃなくて，さっき言ったように，ちゃんと先生が働きかけていればできますよという，そういう可能性を示している．

野原：学習風土と関連しているということですね．

森本：野原さんが非認知的スキルは，学習風土，それが学級経営の視点になり，さらに授業にそのまま反映されなきゃいけないという指摘をしました．まさにこの結果がそういうことを端的に示していると思います．だから，認知的スキル，非認知的スキルの働きかけを授業の中でもっとすればいいのだというような1つの事例として，見ることができると思います．もちろん，文科省がこれを非認知的スキルとして定義しているわけじゃないんですけども，そういう見方をして捉えて差し支

えないんだろうなと思います.

野原：表2.3の分析から図2.1の有用性という話がありました. そうすると，図2.1の「学習を充実させるための積み木」というものが，理科の授業の中でも十分，軸にしていける，援用可能なものであるというふうに捉えていいということですよね.

森本：そうですね.

野原：図2.1の積み木の各要素の中でメタ認知があります. 例えば，この図2.1の中で，メタ認知はどこに機能していくのか. 僕は全体的にメタ認知というものは機能しているものと考えていますが，先生はどう考えられますか？

森本：メタ認知が非認知かどうかという，厳密に言えばそういう議論があるわけですが，この図2.1を分析した人たちは，メタ認知ということばをこの中には入れていない. 一方，もう少し広く見ていったとき，メタ認知を指摘する人もいる. だから，そういう厳密な議論はあんまりいらないと思うんです. 子どもが自分で，今の学習状況を知るというのは，何が知りたいのか，あるいは認められているのか，あるいはどうしたらいいのか. そういうことを自分で決められる. そういうのがやっぱり，考え方としては図2.1にはあると思う.

野原：なるほど.

森本：最初に自分が認められて要求が通る. 認められて，それが適切にちゃんと自分にフィードバックされ，続けられていく. 足場作りじゃないけど，そういうことがなされ，自分が成長していくことに気付けるようになります. 最終目標である自律心育成につながっていきますね. 自分の育ちは，自分が何かに働きかけることで得られることを実感するのです. これはメタ認知だと思います. だって，メタ認知って，自分で自分が何をしたいのかってことが，はっきりわかるわけでしょ. それは，アタッチメントだって同じわけですよ. ちょっとレベルが違うかもしれないけど. そういうことがやっぱりあるのかなと. 図2.1にはメタ認知を想定するような内容が考え方としてあると思います.

野原：そうですね．子どもにとってどの要素が，というわけではなくて，その子どもの状況によって要素をどのように選択して指導に生かすかという話を先生されていたと思います．それはメタ認知であり，教師が足場をかけること．つまり，教師が子どもに必要と思われる要素を見出し，働きかけていくと同時に，子ども自身も，その必要な要素を選択することも必要になってくるということですよね．

森本：そこでは，振り返りが大事だと思います．つまり，何をやってきたのかということを振り返ってみるということは，次の足場になる，次の学習をちゃんと自分で見つけるといことですね．そういうのが振り返りだと思うんです．それはもう少し言えば，今，野原さんが言ったように，メタ認知だと思います．それから，そのときの子どもたちの持っていた気持ちをきちんと見ながら指導することが大切．それが非認知的スキル．メタ認知ということにつながっていくのかな，と思いますけどね．

野原：認知的スキルとの関連から非認知的スキルについて明らかになってきたと思います．本章でも，具体的な理科授業の場面を取り上げて，非認知的スキルの育成について示されています．このあたりのお話を少しお聞かせいただければと思います．

## 理科授業で非認知的スキルをどう生かすか

森本：図2.2を見てください．溶解における均一性の概念についての子どもの描画です．子どもがなんか勝手にキャラクター使ってね，それでなんかお話を作っているように見えます．これがいいんですよ．そのストーリーに対して，それこそアタッチメントじゃないけど，面白いねとか，じゃあ，みんなの意見もこれでいいのかとか，A君はこれで納得できるとか．この表現をきっかけにして，そういう関りを持つことができるようになると思うんですよ．

　だってね，これを見てると，もう入らないよという表現がありますね．隠すところがないから，もう入らないよ．もう入らない，つまり

飽和ね．もう溶けないってことは，もうどこにも入らないってことを言ってるんですよ．あるいは，水君は食塩君を吸収して隠す．あ，隠すんだ．つまり透明，溶解は透明ってことが一番基本的な考えだけど，透明になる，有色透明，無色透明ね．ていうことは，隠すってことは，つまり，ここに透明という概念と，粒子的なものの見方を一緒にしながら，子どもなりに溶解について説明しようとしています．

　これは溶解概念に関する認知的な表現なんだけども，その裏にはね，自分は説明できるんだという成長的思考態度があります．あるいは，仲間がちゃんと聞いてくれる，この説明を仲間には受け入れられる．だめなときには修正する，というような粘り強く追究しようとする態度を見ることもできます．もう1つ本章で例示した授業場面でも同じような子どもの姿を見ることができます．子どもが喩えをしながら議論を進めている．喩えて説明することが，みんなには有効であると．そこから学習に対して効力感が生まれる．

野原：認知と非認知が一体化しているということですね．

森本：こういうことをもっともっと意図的にやってもいいんじゃないかな．あの授業は子どもが生き生きしていい授業だね，というのはね，そういうものが隠されているんだと思う．そういう子どもの姿をもっと発掘していってもいいのかなと思いますね．

野原：そうですね．本章で例示した授業場面の子どもと子ども同士，または先生とのやり取りは，まさに認知的スキルと非認知的スキルを行ったり来たりということですね．溶解概念に関連付けて森本先生がお話しいただきましたが，喩えながら子どもたちは表現して，考えや知識を作り出していく過程だと思うんです．**図2.2**にも見られるところで，非認知的スキルを駆動させるために授業者が意識して働きかけていることが，**図2.2**のような子どもの表現を生み出していくのだと思います．そこが大事だと思っていますし，非認知的スキルを駆動させることで，認知的スキルも育成されていくと思うのですが，先生はどう思いますか．

森本：それはさっき話題にした学級経営や学習風土作りと関係していると思います．対人関係というかね．要するに自分がちゃんと認められるだとか，受け入れられるとか，あるいはみんなで一緒になってね，学習を進めるとかね．そうすることで自分は賢くなれる，ということを子どもたちが認識していること，それが大事だと思う．授業での対話を通して，認める，認められる関係ができること，それが非認知と認知を駆動することになるんじゃないのかな．

野原：非認知的スキルの中でも，今，先生がおっしゃっていたのは，社会的に関わる能力の部分だと思うんですけど，それに加えて創造性ということばをお使いになられています．本章で例示した授業場面や**図2.2**というのは，そういった非認知的スキルの要素である創造性というものが発揮されている場面なんじゃないかなと思うんですけども．

森本：かなり広くね．

野原：はい．この創造性というあたりについては，今まで，もしかすると，理科教育の中ではあまり取り上げてこなかったようなところがあるかもしれないんですけども，この点については，先生どのようにお考えですか？

森本：1章と2章の議論を踏まえてくると，今も，議論になってきたとこなんだけど，本章で例示した授業場面にあるようにね，やっぱりお互いに認める，認められる，そういう関係があるということが，子どもたちが自分で考えを作っていくことに結びついていくんじゃないですか．自分で考えを，まさにクリエーションしていくことですね．イマジネーションもあるかもしれないけど．

　　　　ちょっと堅いことばだけど，社会的分散認知という考え方があるんです．教室の中にはいろんなアイディアや情報がありますよと．それをみんなが互いに利用しながら，考えを作っていくんですよ，積み重ねていくんですよ．まさに協働的ということばを具現化している．いろんな情報があるってことを子どもたちが認識している．しかも，それに価値がある．きちんと価値付けられて認められる．そういうもの

があるっていうことが創造性．自分たちで作っていくことの源泉になるのかな，と思いますよね．その1つの成果が本章で例示した授業場面です．

野原：1章では認知的スキルというものを考えや知識を作り出す力というようなかたちで話を進めてきました．今の創造性の話のところとまさに合致してくるところもあり，それを支えていくのが非認知的スキルであるころが，今回の話でよくわかりました．まさに認知的スキルと非認知的スキルを一体化していくということが，これからの学力育成においては，非常に重要なポイントになるというようなことですね．

森本：そうですね．子どもにはこういう学習の可能性があると思います．だから，すぐにでも子どもたちをスタートさせるべきなんですよ．こういう考え方でね．認知と非認知があるんだよと．もちろん，その学校，学級の子どもに合ったやり方で．

## 註

（1）　川崎市立下沼部小学校総括教諭四宮誠氏の2019年度の実践．

## 引用文献

中央教育審議会・初等中等教育分科会・教育課程部会（2019）「児童生徒の学習評価の在り方について（報告）」，9.

ドゥェック，C. S.（2015）「思春期の子供への介入も必要だ」『幼児教育の経済学』（大竹文雄解説，古草秀子訳），東洋経済新報社，63-67.

Gutman, L. M. & Schoon, I.（2013）The impact of non-cognitive skills on outcomes for young people literature, *Leading education and social reserch*, Institute of Education University of London, 9-30.

Heckman, J., Sixrud, J. & Urzua, S.（2006）The effects of cognitive and noncognitive abilities on labor market outcomes and social behavior. *Journal of Labor Economics*, 24（3）, 411-482.

ヘックマン，J. J.（2015）『幼児教育の経済学』（大竹文雄解説，古草秀子訳），東洋経済新報社，10-43.

経済協力開発機構（OECD）編（2018）『社会情動的スキル──学びに向かう力』（無藤隆・秋田喜代美監訳），明石書店，20, 52-56.

Stanford-Brizard, K. B.（2016）Building blocks for learning : A framework for comprehensive student development, *Turnaround for Children*, 5-7.

文部科学省・国立教育政策研究所（2017）「平成30年度全国学力・学習状況調査・質問紙調査報告書」, 180-184. に示されたデータを分析.

─────（2014）「平成27年度全国学力・学習状況調査・質問紙調査報告書」, 151.

タフ, P.（2017）『私たちは子どもに何ができるのか──非認知能力を育み, 格差に挑む』（高山真由美訳）, 英治出版, 27.

─────（2013）『成功する子失敗する子──何が「その後の人生」を決めるのか』（高山真由美訳）, 英治出版, 85-91.

山田哲也（2017）「家庭の社会経済的背景・「非認知スキル」・子供の学力」お茶の水女子大学『平成29年度学力調査を活用した専門的な課題分析に関する調査研究保護者に対する調査の結果と学力等との関係の専門的な分析に関する調査研究』（代表浜野隆）, 23-24.

（森本信也）

第 Ⅱ 部

# 理科授業における子どもの考えの
# 可視化とその評価

# 第3章　理科授業で考えを表現しながら，能力を深める

## 3.1　子どもに考えを可視化させる意味と指導の視点

### （1）子どもに考えを可視化させる意味とその能力の実態

　第Ⅰ部（1，2章）で説明した学力とはこうでした．知識や技能を闇雲に記憶するのではなく，自分で考え，納得した形で記憶する．記憶された知識や技能を，自由に言い換え，多様な場面で活用する．**表1.2**に示したホワイトによる記憶要素の多様性は，こうした活動の充実には必須でした．

　このような形で学力を身に付けた子どもは，理科授業において，自分なりに意味を明確に捉えながら活動を行っていました．2章で例示した授業場面における子どもの議論はこのことを示していました．このとき，子どもは「できる自分」を実感し，自分や仲間の考えを絶えず比べ，考えを広げ，深めるために粘り強く活動していました．認知的スキルと非認知的スキルが融合し，子どもに学力が育成されていく様子が明らかになりました．

　理科授業における子どもの活動を見るとき，彼らは知識や技能を獲得するために，一人ひとりがひたすら情報を取り入れ，それを個人的に処理するという活動をしていません．むしろ逆でした．仲間との関わりの中で多様な情報を取り入れ考えを作ろうとしていました．

　そのため，子どもはノートや議論に表れるクラスの仲間の考えに敏感になり，それを取り入れながら，考えを咀嚼しようとしていました．また，そのための手段として考えを描画や比喩を交えて表現し，仲間の考えとの接点を作ろうと

しました．上述した学力が育成される場で保障されるべき基本的な活動条件でした．

　ここで子どもが行う活動の基本は自分の考えの可視化と言えます．それは，今自分が考えていることを表1.2に示した多様な要素を駆使しながら表現し，今の自分の学習状況を自覚することです．もちろん，自覚するためには，教師や仲間の助言を受け，考えや情報の過不足を捉えることが必要です．いずれにせよ，上述したように，子どもが考えを広げ，深めるためには考えの可視化が必須です．しかしながら，下記でその状況について説明しますが，多くの子どもにおいてこのことを視野に入れた活動は十分に実現されてはいません．

　考えの可視化を理科授業で進め，多くの子どもにその意味を理解させていくことが必要です．そのためには，可視化の基本的な意味を分析し，これに則った指導の方策を検討することが重要です．分析してみましょう．

　子どもにとって考えの可視化とは，経験したことをことばや論理により抽象化し，それを自分の考えとして判断した過程を記述することです．考えを可視化する過程では，自分にとって明確な点や曖昧な点が明らかになります．これは，自分の考えを明確化すると同時に，次の考えの発展への備えを意味します．

　子どもに考えを可視化させることは，リテラシーやキー・コンピテンシー等に見られる，子どもの論理的思考をベースにした能力論の台頭に伴い，その重要性は益々指摘されつつあります．現在の日本の子どもにおける，こうした能力育成の実態はどのような状況でしょうか．考えを可視化させる指導について検討する前に，その実態を捉えておくことが重要です．これを踏まえて指導の視点について論じることが必要です．

　理科授業における考えの可視化，それは，日本の小学生と中学生が自然事象について説明する能力に典型的に表れます．子どもの考えの核心だからです．そこで，子どもが考えを可視化する能力の実態を，こうした視点から探りたいと思います．

　先ず，2章で紹介した平成30年度全国学力・学習状況調査・質問紙調査報告書から，実態を探ります．表2.2には，表3.1に示す質問事項がありました．表にはこの質問に対する選択肢ごとの小学校6年生と中学3年生の思考力・判

表3.1　考えを可視化しようとする子どもの理科Bの正答率

| 質問事項（概略） | 選択肢ごとの理科の正答率 | | |
|---|---|---|---|
| | 選択肢 | 小 | 中 |
| 質問番号 (56) (53)：(小学校) 5年生まで，(中学校1，2年まで) に受けた授業で，自分の考えを発表するとき，考えがうまく伝わるよう，資料や文章，話の組み立てなどを工夫して発表した． | 当てはまる | 61.0 | 71.1 |
| | どちらかと言えば，当てはまる | 57.9 | 68.1 |
| | どちらかと言えば，当てはまらない | 53.3 | 62.8 |
| | 当てはまらない | 48.6 | 57.0 |

断・表現力等を問う理科Bの正答率も示しました．

　表3.1から，小学生，中学生に共通して，自分の考えを表現，つまり可視化する際に，自分で工夫している者とそうでない者とでは，正答率に差があることが明らかにされました．質問紙調査で類似した質問 (45)，(57) (54) でも同様の傾向が示されました．自分でメタ認知（考えをうまく伝わるよう工夫）している者の成績が高かったのです．

　これを見ると，考えを可視化することについて，日本の義務教育段階での理科教育に，こうした指導の充実に課題があることが明らかです．理科授業において，こうした視点を取り入れた積極的な指導の充実が必要です．

　もう1つ事例を示しましょう．図3.1です．これは，2019年に実施されたTIMSSと呼ばれる調査です．正式には，「国際数学・理科教育動向調査 (Trends in International Mathematics and Science Study)」と呼ばれ，2019年に行われたという意味でTIMSS2019と表記されます．1964年より行われている数学・理科教育に限定した調査で，1999年からは4年ごとに実施されています (TIMSS, 2019)．

　この調査は，小学校4学年 (Grade 4) と中学校2学年 (Grade 8) の子どもを対象にして，数学・理科に特化し，学力や興味・関心の国際比較を行っています．また，同時に，小学校4学年の子どもの4年間のこれらの伸長も分析されます．調査問題はすべて公開されていません．図は公開された問題の一例です．

　問題 (a) では，絵を見て「生き物」と「生き物でないもの」をそれぞれ2つ指摘することが求められました．正答率の国際平均は45%，日本の小学校4

（a）「生物と無生物」　　　　　　　　　　　（b）「月の満ち欠け」

**図3.1　TIMSS2019調査問題例**（小学校４学年（Grade 4 ））

年生は37％でした．国際平均より低い正答率でした．

　小学校学習指導要領・理科編では第３学年「生命・地球」領域の単元に「身の回りの生物」があります．身の回りの植物や昆虫等の観察が学習目標です．多くの教科書では「生き物」ということばが定義なしに使われています．この結果から，こうしたことばを子どもが「使い切れていない」ことが明らかです．

　「身の回りの生物」について観察した結果を振り返り，植物，昆虫，生き物ではないもの等のことばと共に，子どもの身の回りの事象がことば（つまり，概念）で整理できることを理解させることが必要です．結果は，このことを指摘していると思います．子どもにおいて，考えの可視化の基礎（つまり，ことばを適切に使うこと）が脆弱です．

　問題（b）では，同じ場所での，観測日の異なる月の絵が示されました．正しい絵を選び，その理由も書くという設問です．月の満ち欠けが理由で，どちらの絵も正解です．正答率の国際平均は37％，日本の小学校４年生は51％でした．

　小学校学習指導要領・理科編では第４学年「生命・地球」領域の単元に「月と星」があります．ここで，月の満ち欠けを観測し，月の形が変わっていくことを学習します．多くの教科書には，月の形が変わっていくとの記述はあります．しかし，半数の子どもはこうしたことばを上述した内容と同様に「使い切れていない」のです．観測結果を振り返り，ことばを使って整理できていない

のです．この事例からも考えの可視化の基礎が脆弱であることが明らかです．

　全国学力・学習状況調査や TIMSS の結果から，考えの可視化に関わる日本の子どもの実態を見るとき，その指導のための課題が見えてきました．指導を充実させるための視点を分析することが必要です．

### （2）考えを可視化させる指導の視点

　可視化の指導について，日本の子どもが理科の学習を始める小学校第3学年の内容を事例にして，分析をすることが必要だと思われます．理科教育の素地を作る段階だからです．ここでの指導の原則は，小学校高学年，中学校，高等学校においても貫かれるべきものと考えます．だから，指導の原則なのです．

　そこで，小学校3年生が乾電池を使って，身の回りの物を「電気を通す―通さない」で分け，その結果から考えられることをノートに記録する活動を事例にして，このことを考えてみましょう．子どもはこうした事象についてどのような方法で，どのように自分なりの判断を得ていくのでしょうか．その主な内容は次のようです．指導の原則を分析する視点です．

　1つ目の原則です．すべての物質は電気伝導性で分けられるという判断をすることです．これは，電気を通す（電気伝導性）という「ことば」，つまり「科学概念」による，物質を識別する基準の獲得です．ことばを適切に使った考えの可視化です．原則の1つめです．この活動は，他の事象についても同じように科学概念ということばで説明しようとする動機ともなっていきます．

　2つ目の原則です．言語化・記号化です．1つ目の発展です．この事例では，「鉄やアルミニウムなどの金ぞくは，電気を通します」という，科学概念を用いた言語表現による観察，実験の結論の記述です．この活動の継続により，子どもは適切なことばを使ったり，新たなことばを獲得したりすることができるようになります．また，オノマトペ（擬態語，擬声語）により，状況を説明することばを付け加えて，説明することもできるようになります．原則の2つ目です．学年が進めば言語だけではなく，数式や記号を用いた表現も伴ってきます．

　3つ目の原則です．事象を分類・整理し，その結果について考える，という思考法の獲得です．簡単な思考法ですが，事象を分類して調べることにより，

身の回りの事象のつながり方を判断することができるようになります（分類・整理は学年が進むと，表やグラフ等の利用により複雑になっていきます）．その結果，物質＝電気伝導性の物質＋非電気伝導性の物質，という関係性（正しくは，類包含関係）を理解することができるようになります．原則の3つ目です．これは，他の事象について同じような思考法を適用する動機ともなります．

　4つ目の原則です．イメージです．電気回路の中の鉄やアルミニウムには電気の粒が流れて，木やプラスチックの中には電気が通らない様子を子どもがイメージをして，その様子を記述しながら，電気伝導性を説明したりします．他の事象についても同じような思考法を適用する動機ともなります．原則の4つ目です．

　考えの可視化とは，こうして子どもが自分の考えを目に見える形で外に出して表現する（外化といいます）ことです．今自分が理解できていることを表現することです．もちろん，十分にできないこともありますが，いずれにしろ，考えを外化，露にすることにより，自分の今の理解，学習状況を自覚しようとすることにその意味があります．当然，このことはクラスの仲間や教師からの働きかけを容易にし，考えを深める機会を増やすことにつながります．

　子どもによる考えの可視化は，問題解決的な授業を念頭に置くと，予想や仮説の設定，予想や仮説の検証をする考察において，最も重視されます．これらの活動で子どもは，当然のことながら，論理的に推論することが求められます．もちろん，このことは思考の可視化の範疇に含まれることです．既習事項から予想や仮説を設定したり，観察，実験事実から予想や仮説を検証する活動を見れば，両者の背景に論理的活動があることが明らかです．上述した4つの指導の原則は，要約すればこのことを示しています．

　考えを可視化する能力を子どもに育成していくことは，自分の考えを表現すると同時に，併せて仲間の考えを適切に評価する能力の向上にもつながります．当然のことですが，子どもがただ思いついたことを綴るのではありません．基本的な要素を備えた論証でなければなりません．その能力こそ育成しなければなりません．

## 3.2　考えの可視化を評価するための基準

　理科授業において子どものこうした能力育成に関しては，ベンチマーク（benchmark），すなわち達成を評価するための判断基準，あるいは指標が必要です．こうしたベンチマークを設定することで，成長段階における子どもの一見稚拙に思えるような表現が，理科授業における考えの説明として「正当」であるか否かを評価することができます．もちろん，ここで設定すべきベンチマークは，第Ⅰ部（1，2章）で論じた能力論を踏まえたものでなければなりません．

　アメリカ科学振興協会（American Association for the Advancement of Science，通称 AAAS（トリプルエイエス））による「2061プロジェクト」が提起する「科学的リテラシー育成のためのベンチマーク（Benchmarks for Scientific Literacy）」はこの目的にとって有用です（AAAS, 2009）．

　ここで示される科学的リテラシーは，理科授業における子どもの論理的活動，すなわち「説明する（scientific explanation）能力」の育成状況を評価するための基準と言えます．説明する活動は上述してきたように，考えの可視化の具現化です．そこで，AAAS が提起する「説明する」活動のベンチマークを，子どもに考えを可視化する能力育成の指標として捉えたいと思います．

　AAAS が分析した科学的リテラシーは，日本でいう幼稚園から高等学校3学年までを対象とし，12の視点を設定した非常に膨大な内容です．ここで，すべてを示すことはできません．ここでは，小学校高学年から中学校までを対象として，子どもの説明する能力の育成に限定した内容を適宜取り上げ検討します．もちろん，ここでの議論には有用です．この目的に叶う AAAS が提起した事例を**表3.2**に示します．

　なお，（　）内の項目は筆者が設定したものです．また，リテラシーの後に示されている（例えば1B/M1b*）の表示は，1は12の視点の内の1を，Bはそのサブカテゴリーを，／の後のアルファベットは学年を示しています（Mは小学校6学年（grade 6）から中学校2学年（grade 8）での目標）．すべてのベンチマークはホームページ上で確認することができます．

### 表3.2　AAASによる「説明する能力」育成のためのベンチマーク例

| 科学における説明の定義 |
| --- |
| ・科学的な探究には証拠（evidence）と論理的推論（logical reasoning）が含まれる．そして，集めた証拠について，腑に落ちた理解を得るためにイメージにより仮説を立てたり，説明したりする（1B/M1b*）．<br>・科学的な説明のプレゼンには，自分が主張したいこと（knowledge claim），その主張を支えるための証拠（evidence）とそれに基づく推論（reasoning）が必要（12D/M6**）． |

| 科学における説明の精度の向上 |
| --- |
| ・1つの観察事実について異なる説明がなされる．どの説明が正しいか即断しない（12A/M3*）．<br>・少ない事実や特定の説明をするためのデータに基づく主張には，注意をする（12E/M3*）．<br>・事実と解釈の混同を避ける（12E/M5a）．<br>・明確な証拠に基づかない主張は避ける（12E/M5b*）． |

| 説明に必要とされるスキル |
| --- |
| ・得られた情報を表やグラフにし，これらから考えられることを指摘しながら，説明をする（12D/M1）（12D/M2）．<br>・ある考えについてのより良い理解を得るためには，説明した相手に説明の言い換えを求めたり，説明の不明瞭な部分について問いかけたりすることが必要（12D/M7**）．<br>・明確な証拠に基づかない主張は避ける（12E/M5b*）．<br>・アナロジーのみの主張は避ける（12E/M5c*）． |

　**表3.2**には，小学校高学年から中学校において達成すべき，説明能力に限定した主な目標を，3つの視点から示しています．検討してみましょう．

　先ず，説明する，という活動の基本について検討します．ここで指摘されている内容はこうです．説明とは事実に基づき，推論し，自分で納得できるようイメージ化すること．イメージ化は表現方法であり，当然，比喩的表現や描画が含まれます．これは発展し，記号や数式という表現として抽象化されることが考えられます．事実 — 推論 — 表現（イメージ，記号，数式，モデル等）が，説明の基本です．

　これにさらに加えられるべきものがあります．自分が主張したいこと（knowledge claim）の明確化です．理科授業で言えば，解決すべき問題と推論により導かれた結論です．何を解決することを目的にした説明であるかが明示されなければならないのです．問題と結論の内容は正対していなければならない，と言われる所以です．

　これらの要件は，ツールミン（Toulmin, 2003：89–95）による議論の基本と同じ

視点を踏まえていると捉えることができます. ツールミンはこれを「議論のレイアウト（the layout of arguments）」と呼んでいます. 議論すなわち, 自分の考えを適切に表現するために必要な要件として, 事実（data）, 主張したいこと（claim）, 根拠付け, 理由付け（warrant）を挙げます. ことばは多少異なりますが, 基本的には同じと考えられます.

　次に検討すべきことは, 表にあるように説明の精度を向上させることです. 当然のことですが, ただ1つの事実から導かれた説明の精度は高いとは言えません. また, 危険であり, 誤解を生じることもあります.

　例えば, 食塩の水への溶解を子どもが観察したとします. この時, 「食塩は溶けてなくなった」, 「食塩は見えない粒になった」等の説明が可能です. しかし, 確定することはできません. 「なくなった」, 「粒になった」ということについて, 説明の根拠とすべき事実が必要だからです. 例えば, 溶けた食塩の保存は溶解前後の重さを比べることで, これらの説明を検証することができます. 事実を積み重ねた推論により, 説明の精度は向上していきます.

　最後に検討すべきことは, こうした2つの視点を, 理科授業における子どもの説明する活動に反映させることです. これが子どもには最も重要なことです. 日常的な学習活動の中で, その意味を実感させていかなければなりません. 表に示すようなスキルの習得により, この目標は達成されていきます.

　ここには, 事実を表やグラフの工夫による着目すべき点の明確化, 事実の蓄積, その上での明確な目標に基づく推論, という上述した説明能力を具現化した内容が示されています. これらを公式のように子どもに示すのではなく, 彼らの問題意識に基づく活動の中で, 必須な活動として実感させ, 持続させていくことが必要です. 第I部で論じた能力観を基にした, 「自分で説明する」という感覚とこれを確実に実現させる能力の育成こそが, 子どもには重要だと思います.

　目的を明確にした事実に基づく推論, 事実の積み重ねによる推論の精度の向上, その実行, これが考えを可視化して示すための基本です. こうした視点が指導において整備されていくとき, 一人ひとりの考えを広げたり, 深めたりする議論に際し, 活用されていきます. この時, 事実に基づかない（勝手な）推

論や表現，問題が明確でない表現（何を明らかにするための表現なのか）は，理科授業から消失していきます．

こういう視点は，説明という事実の抽象化を学習し始める小学校高学年から中学校の子どもの指導においては，特に留意すべき点です．併せて，議論においても，仲間に説明内容をよりよく理解させるために，多様な説明方法，つまり表現を言い換える際にもその重要性は発揮されます．考えの可視化は，説明の目的を明確にした描画，比喩，式，記号等の多様な表現方法を駆使することで，説明する能力を子どもに育成することが明らかです．

## 3.3　子どもの考えの可視化による理科授業の展開

考えの可視化は，子どもにとって考えをより深める契機となります．その一方で，日本の子どもにおいてこうした能力の育成は十分でない実態も明らかになりました．そこで，課題解決のために子どもの考えの可視化を説明能力の向上として措定し，その達成のための基準を明らかにしました．

もちろん，これは理科授業のデザイン上の議論であり，その実効性を確実にするためには，子どもの学習状況に即して，計画を実行に移すことが必要です．そのポイントは「子どもの学習状況に即して」にあります．第Ⅰ部でも子どもの学習状況の捉え方については，多様に論じてきました．ここでの議論でもこの視点を踏まえていきます．ここでは，子どもが考えを抽象化していく過程で，特に用いられる言語（ことば，式，記号等）とその用い方，つまり論理に着目します．それが授業展開の中心軸です．

言い換えれば，子どものこうした状況を顧みない試みは成功しないということです．最近の理科教育研究の特に学習論研究では，こうした点については極めて敏感です．第Ⅰ部で論じた能力育成を前提としつつ，教授論へ反映させる上で，「子どもの学習状況に即して」を研究の強固な基礎としています．

この目的を具体的に実現するためのキーワードとして注目を浴びているものに，sensemaking があります．これは理科教育以外の領域でも使用されていますが，ここでは理科教育研究に絞って議論をします．このことばは簡単に言え

ば，徐々に意味を明らかにしていく，常に意味を更新していく，腑に落ちた考えを作るために外部情報と交渉をする等を意味します.

　例えば，オドゥンとルスは次のように定義します.「自分の理解では説明しきれない内容を自覚し，新しい説明を見出すために，自分の理解を修正したり，新しい理解を作り上げたりすること（sensemaking is a dynamic process of building or revising an explanation）」（Odden & Russ, 2019：191-192）.

　子どもにとって，自分のもっている考えは不十分である．常にその更新や再構築を図るということを自覚させ，指導の原則として反映させよ，という意味がここには込められています．それは煎じ詰めれば，カポンの指摘する「学習者が事象についての自分なりの説明を作ったり，作り替えたりする（a learner constructs and reconstructs a series of self-explanation）」ことを重点化するということです（Kapon, 2017：166）.

　自分なりの説明（self-explanation）は，考えの可視化の議論を最も具現化することばだと思います．自分なりの説明を繰り返すことにより，他者に対してより説得力があり，かつ自分でも腑に落ちた考えに到達することを目指すのです.

　考えの可視化を理科授業展開上の原則とすることとは，結局，授業で彼らの発することばやそこで展開される彼らの論理に耳目を集めること，というように結論付けられます．3章での議論を踏まえると，理論的にも妥当であり，優れた実践の分析にも耐えうる視点だと思います.実際,イギリスの理科のナショナルカリキュラムの指導上の視点の1つとしてこのことは取り上げられています．子どもの発することば（spoken language）への留意が次のように指摘されています.「子どもが聞いたり，話したりすることばの質と多様性への着目は，彼らの科学的な語彙使用の発達と科学概念の明確な使用を促す上で重要である．それゆえ，子どもには自分の考えを明らかにすることを常に支援されるべきである」（Gov. UK Department for Education, 2014：169）.

　理科授業で子どもに自分なりのことばで考え，「説明し尽くさせる」機会を与えること，それが科学的に考える力を育成することにつながるのだ，ということを指摘しているように思えます．その契機となるのが，再三指摘してきた考えの可視化です.

　アメリカのサンフランシスコにある，「芸術・科学・人間の知覚博物館（museum of art, science, and human perception)「エクスプロラトリウム（Exploratorium)」の学校教育部門に掲載された，子どもが理科授業で多様な表現をすること（Science Writing）とそれらを学習指導の視点とすることについての提案は，上述の議論を広げる意味で非常に有用です（Exploratorium, 2015 : 1-2)．**表3.3**にその概要を示します．

　ここでは，子どもに表現することの意味とその具体化のための視点が示されています．視点を具現化する場が多様に設定されています．もちろん，ここでの考えの表現には，ことば，文章，描画，例えの表現，グラフ，表等により多様な手段によりなされることを前提とします．

　この提言の重要性は表にある次の「　」内の指摘です．考えの可視化を子どもに促す際の指導の視点の核心です．「日常使いなれていることばによって，自分の考えを表現することを促す．たとえ，その表現が文法的に完璧でなくてもである」．子どもに考えていることを表現の質を問わずに，先ず書かせること，そこから学習が始まる，ということを彼らに訴えているように思えます．表現することが学習を進めるきっかけになることを子どもに実感させるのです．

　例えば，「食塩は水にトケタ」と子どもが表現したとしましょう．これを聞いた別の子どもは「氷もトケルって言う，トケルには2つの意味があるんだ」，「算数の問題がトケタとも言うよ」，というようにことばの意味を広げるきっかけを1つの表現が作り出すことができます．かつて，デューイは子どもなりの表現を科学的な表現として価値付け，その発展の促進について指摘しました．すなわち，こうした表現は，「子どもが独自に（中略）現象を適切に表現しないではいられないという，その子ならではの理解が得られた証拠にほかならない」（デューイ, 2012 : 119)．

　そして，これについて適切に対応しない大人，あるいは教師に対して向けられた次のことばは至言です．銘記すべきです．「どうしてわたしたちは，こうも心が固くて，呑み込みが悪いのであろうか．想像力というものは，子どもがその中で生活をする上での媒介物なのである」（デューイ, 2012 : 123)．ここでいう想像力とは，子どもなりの考えの表現とこれを実行しようとする動機を指し

### 表3.3　理科授業で子どもに考えを表現させる活動の多様性

| 子どもが表現をする意味 | 活動としての具体化 |
|---|---|
| 　子どもに表現させることは，自分の考えを分析し，わかっていることと十分に理解できていないことを明らかにする機会を与える．それは，自分の考えをまとめたり，これを基に仲間と議論したりする活動を支援する． | ・子どもは興味ある事象に遭遇したり，調べ活動をしたりするとき，それらの内容について表現したがる．こうした場の実現が必要であり，重要である．<br>・子どもが興味を持った事象について，教師は積極的にこれを取り上げ，彼らにそのことについて表現させる． |
| 　理科授業で子どもに表現させることは，科学的な思考の向上だけではなく，彼らの言語能力の向上にも寄与する． | ・子どもには自分の考えを明らかにするために，日常使いなれていることばによって，自分の考えを表現することを促す．たとえ，その表現が文法的に完璧でなくても．<br>・まだ自分の気付きや考えを表現することに慣れていない子どもには，ことばだけではなく，描画とこれに添えられることばも重要な表現であることを教える． |
| 　理科授業で子どもが表現する活動を常に行うことは，彼らのメタ認知的な活動の質を向上させる．自分の考えをうまく表現するためのことばを選択すること，考えを進めるための振り返りを行い，自分の考えを明確にしていくこと等が活動の質を向上させる． | ・子どもに経験したことをまとめるための考え方，その表現方法について常に彼らに示す（仲間のノートなどを紹介することも1つの例）．<br>・子どもが表現したものについて，新しい考えへの発展を目指して，教師とクラスの仲間とが，常に価値付けをし，表現の更新をするよう動機付ける． |
| 　理科授業において子どもの表現が多様な場（ノート，ワークシート，模造紙での協働した表現，模造紙への付箋紙による子ども一人ひとりの考えの貼付等）で常になされているとき，それは，彼らにとって，仲間の考えを知るための有用な学習環境となる．<br>　これは，子ども同士，子どもと教員との有用な議論の機会を提供する．これは，新しい考えを生み出す源泉となる．言い換えれば，「探究を深めるための沈黙のパートナー（silent partner in an investigation）」となる． | ・子どもに表現させる前に必要ならば彼らに口頭でその内容について話をする機会を設ける．<br>・子どもをペアやグループにし，互いに参考にしながら書く機会を設ける．<br>・教室の言語環境（ノート，ワークシート，模造紙上でのグループの考えの表現）の充実は，子どもが考えたり表現したりするためのリソースとして重要である． |

ていることは言うまでもありません．

　表現すること，つまり考えの可視化は磁石が砂鉄を吸い寄せるように，可視化された表現の周りに多様な情報を引き付けていきます．情報を引き付けることにより，表現された考えは範囲を広げたり，深めたりすることができます．

授業の視点として，考えの可視化を据える意味はここにあると思います．

　ここで深められた考えは，さらに強力な磁石になり，さらに多くの情報を引き付けていきます．この繰り返しが子どもの考えを強化していきます．表にある「沈黙のパートナー」の意味です．考えの可視化を通して，子どもは周りの世界を新しく作り替えていくことができるのです．

　こうして，考えの可視化は子どもの学習への動機をも変化させます．次に追究すべきことを，子どもは次々と変えていくことができるからです．「表現が文法的に完璧でなくても」よいのです．後は，この考えが引き寄せた情報が表現を洗練させていくからです．こうしたことを実感すれば，可視化の必要性，重要性を子どもは徐々に理解していきます．考えの可視化は子どもを自律させていきます．教室で何をなすべきかが明らかです．

## 3.4　授業実践の中で子どもの考えの可視化を考える

　3.1〜3.3において，子どもの考えの可視化について考えてきました．教師や子どもがどのような意識で考えの可視化を実現していくか，具体的な事例を挙げて考えます．対談は3章の執筆者森本信也と本書の編著者である野原博人で行いました．

**授業を進める上で学力育成を意識すること**

野原：3章では第Ⅰ部での議論を踏まえて，考えの可視化を中心に述べられていました．第Ⅰ部で述べたホワイトの記憶要素，**表1.2**との関連が色濃く述べられていると思うのですが，思考の可視化とホワイトモデルの関連について，もう少し具体的にお話しいただければと思います．

森本：**図3.2**の描画(1)を事例にして，その話をしていきたいと思います．これは4年生の描画です．空気を温めたときに，体積がどうなるのかについての予想です．これについて，ホワイトの記憶要素をどのように活用するかを説明します．

　　　先ず，この推論の所を見て下さい．「まださわっていないから，そ

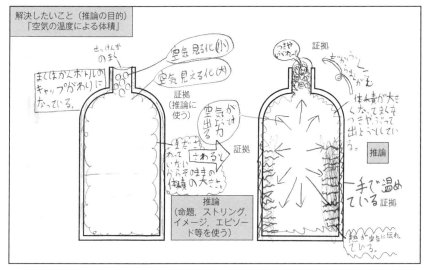

**図3.2　子どもの描画の事例**

のまま体積の大きさなんだよ」と書いてあります．そして，「温める
と体積が大きくなって，まくをつきやぶって出ようとするんじゃない
かな」，とも書いてあります．これはきちんと推論の形で表現はされ
ていないんだけど，この中には子どもなりの考えが示されています．
一般的に推論にはその証拠がなければいけない，また何を目的にして
推論をしているのかが明確にされなければなりません．推論，その根
拠，推論の目的という３つが考えを表現するには必要です．これは本
文では，ツールミンの「議論のレイアウト」として示しました．

　こうした３つの視点から，子どもの表現を見なきゃいけないと思い
ます．子どもの考えの中身を見るためにはホワイトの要素が使えると
思います．描画には子どもなりの推論が示されています．「最初は温
まってないけど，ちょっと手で温めると膨らんでポンと出るよ」と．
子どもは「何とかすると何とかなる」という原因と結果を示すために，
命題を作っています．あるいは体積とか，空気とか温めるとか，そう
いうことば（ストリング）も使っていきます．さらに，膨らんだ空気が，

最初はこのままだけど温めると，体積が膨らんでポンと出るよという
イメージ，似てるかもしれないけど日常経験として，物は温めると膨
らむんじゃないかみたいなエピソードも使います．このように子ども
たちの推論，その根拠，推論の目的という3つの中身を見るためにホ
ワイトの要素が使えるのです．

## 考えを可視化することを指導する視点

野原：これ (図3.2) は予想の図と記述ですよね．僕が注目した所は，予想の
　　　図の中で，まくが張ってあるところです．左側は温める前で，右側が
　　　温めたときの描画で，矢印であったり色で熱を表現したり，上の方の
　　　粒で表現しているところが見えますよね．

森本：ああこれね，はい，これ．

野原：こういった所を，子どもが温度の変化と体積，空気の体積の変化を図
　　　やイメージを使って説明しようとしているところとして，注目すべき
　　　ことかと思います．

森本：うん．

野原：このように説明するということの重要性も本文では書かれていました．
　　　ホワイトの要素を子どもに教師が意識させることで，子どもと一緒に
　　　学びをつくっていく学習活動というのが生まれてくるっていうことで
　　　すよね．

森本：2章の対談でも，子どもの認知の中身として，論理を組み立てていく
　　　子ども，そのためにはこの推論と証拠と目的意識みたいなものをはっ
　　　きりさせることを指摘しました．同時に，そういう認知と非認知のつ
　　　ながり，つまり，子どもたちのやっている事を，きちんと価値付けて
　　　やること，それを子どもたちに伝えるということ，それが子どもと一
　　　緒に学びを作っていく学習活動の実現につながると思います．

野原：そうですね．その実現のためには，子どもに考えの可視化をさせるこ
　　　とは重要で，その指導では，考えの証拠，根拠を示させるということ
　　　を本文でも主張していたと思います．それは文中にある**表3.2**との関

連もあると思いながら，お聞きしていました．

　　よくこのような学習を進めると，検証ができるか，できないかに限った議論になってしまうことがあります．そうではなくて，子どもの説明活動を促すこと，そのための契機となるという議論にならなければならない．それは本文にもあるように，考えを振り返りながら，より精緻化することにつなげることが重要だと思います．子どものこうした学習を推し進めるうえで，証拠というものに基づいて，しっかりと考えを可視化するということが非常に重要である，**表3. 2**をこのような意味でとらえました．

森本：はい，そうですよね．ちゃんと子どもなりに根拠持ってね，そのとおりで，**表3. 2**の指導の中心です．表にある「科学における説明の精度の向上」という所で，「少ない事実や特定の説明するためのデータに基づく主張には注意を要する」．つまり，ちゃんと根拠を挙げて，それも複数挙げて，それでちゃんと自分の考えを出さなきゃいけないんだよ，ということですよね．**図3. 2**の「空気があるんだね」とか，「熱が伝わるかもしれないね」という根拠，証拠を子どもに挙げさせるというのはすごく重要ことでね，思いつきじゃいけないんだよ，ということです．ちゃんと事実に基づいて考えているんだね，ということを指導するということですね．でも，子どもはなかなか気付かないから，それを何度も先生がこういう描画で表現させて，その意味を子どもにフィードバックしてやることで，根拠のない考えや，事実に基づかない考えを排除していくっていうことが，できるかなと思うんです．

野原：そうですね．**表3. 2**の「説明の精度の向上」という所はホワイトモデルとまた関連付けで戻ってみると，証拠を挙げていくというのは，いわゆる知的技能とか運動技能とか，そういったところと関連してくるというふうに捉えていいですか？

森本：あ，まさにね，それこそね，描画に示された4年生ぐらいの段階ではことばでしかないけど，もう少し学年が高学年ぐらいになってくると，表だとかグラフに基づいて（つまり根拠として），考察する場面が増え

てくると思うので，そういう表とかグラフを活用しながら，説明するという，まさに，今，野原さんが言った知的技能の活用，当然ありますよね．

　**表3.2**にも説明に必要とされスキルとしてグラフとか表とか使うこともできるようになるよと書いてありますね．**表3.2**は6年生から中学生への要求なのでそのことが示されています．**図3.2**は4年生の事例ですが，これは将来，**表3.2**に示されたスキルの習得へと発展，成長していく，ということを踏まえておくことは必要だと思いますね．

## 考えの可視化，その指導の重点

野原：そうですね．ホワイトの学習モデルと**表3.2**のAAASとの関連を踏まえて，1章から議論してきた内容の重要性というものが浮き彫りになってきたと思います．本章ではさらに，考えの可視化に視点を当てた指導の原則というものにも触れられています．今までの話を踏まえて，その指導の原則について，少しお話しいただけますか．

森本：まず，1つ目はきちんとしたことばを使うことですね．最初は自分なりのことばだとしても，みんなに伝わるようなことば，いわゆる科学概念として，空気ということばを使えるとか，体積ということばを使えるとか，そういうことが重要だと思うんですね．

　2つ目はことばを使って論証する，推論していくことです．例えば，さっきの子どもの空気の描画だったら，「手でさわっていないから，まだ体積はそのままの大きさだよ」というね．「温まっていないから，体積の大きさはそのまま」というね，そういう文章として表現していけるか．

　それから3つ目として論理的に考えられること．つまり考えをただ表現するだけじゃなくて，例えば，原因と結果を考えてみるとか．**図3.2**で言えば，子どもは空気というところに目を向けているわけね．そして空気と温度という要因を考えながら，子どもは空気の状態を考えることができるようになっている．そういう子どもの発想に目を向

けていくことが大切だと思います．これは初歩的な論証だと思います．

　描画には出てきませんけど，さっき野原さんの説明にあった，グラフで説明すること，表で説明すること，これは系列化，つまり程度に応じて物を並べてその量を見ることです．さらに，中学校に行けば，体積と質量の関係を調べるとか，電流と電圧の関係，つまり変数と変数の関係を見ようとする思考法も求められるようになります．子どもに可視化させることによって，その良さや意味を先生が拾いあげて子どもにフィードバックすることによって，より上位の思考方法を習得させるということは，あると思います．

　4つ目としてイメージすることです．こういうイメージもあるし，あるいは中学校で扱われるより科学的なモデルに近いような内容まで，イメージで扱う範囲は広いと思います．可視化を繰り返しながら，徐々にイメージの内容を深化させることができます．至極当たり前の事を言っているわけですけれども，そういう事を子どもの表現から立ち上げていく，それがすごく大事なんじゃないですかね．それがやる気，認知と非認知的スキルの融合ということにもつながっていくんじゃないかな，と思いますけどね．

野原：4つの原則といわれる視点から，子どものその表現に基づく学習を立ち上げ，それを論理的に推論するところまで高めていく，という道筋を明確に示していただきました．まさにそういった学習を進めていくことで，子ども自身，常に学習状況を自覚していくのだと，話を聞きながら思いました．こういった子どもが学習状況を自覚していく過程が，問題解決を通してどのようにより洗練されていくのかというところを考えていくことが大事ですよね．

　この意味で，学習状況の自覚化や自分なりの説明というような表現も本文中にもありました．考えの可視化との関連でもう少しお話し聞かせていただければと思います．

## 自分なりの考えを説明させることの意味や意義

森本：結局，可視化するっていうことで一番大事なのは，本文にも書きましたけど「セルフ・エクスプラネーション（self-explanation）」ですね．要するに自分で説明するっていうことです．描画について話してきましたが，描画で表現することは，先生や仲間から自分の表現の良さや足りない所を指摘され，考えを深める契機になるということです．そのためには，本文の**表3.3**で書きましたけど，授業の中で子どもの考えを表現する活動の多様性の保障が重要な視点になると思います．例えば，「子どもは自分の考えを明らかにするために，日常使い慣れていることばを使って自分の考えを表現すること」，その通りですね．

　また，「その表現が完璧じゃなくてもいいんだ」っていうことも書いてあるんです．僕は，それが一番大事な事だと思うんですね．これは，野原さんはよく分かっているかもしれませんけど，子どもって自分が考えている事を表現したがると思うんです．それを取り上げながら表現するためのルールを徐々に教えていくんですね．「ちゃんと証拠を挙げて話をする」ということもあるけれども，まず間違ってもいい，つまり文法的にあるいはイメージとしておかしなところがあったとしても表現し切らせる．それが「セルフ・エクスプラネーション」です．そうすることによって，次の発展というのが見えてくると思うんです．

　**表3.3**にありますけど，そうすることが自分の考えをメタ認知することになるし，あるいは先生や他の子どもたちにとっては，働きかけのきっかけになると．そういう事を指導の主軸にしていくっていうね，そこが大事なところになる．だから「セルフ・エクスプラネーション」ということばは当たり前といえば当たり前なんだけど，それを実践するっていうことがいかに重要かということを**表3.3**は指摘しているんじゃないかな．基本的にはそう思いますけどね．

　**表3.3**の一番最後に書いてありますけど，「探究を深めるための沈黙のパートナー」って，これすごく良いことばですよね．問題解決には

良いと思うんですよね．教室の中に先生も含めていろんな考えをしている人がいる．それはパートナーになっている．その中で，間違ってもいいから，みんなで言ってみようよと．そこからお互いの考えを煮詰めていくということにつながるんだよ，ってことになるのかなあと思います．

　結局，今の話，全部つながって，ホワイトの価値付け，説明のためにちゃんと論拠を挙げなさいとか，問題意識をはっきりする．そのためには子どもの表現を大事にして沈黙のパートナーを教室の中にたくさん増やせと．それが可視化だよということになるのかなと思います．

野原：そうですね．「セルフ・エクスプラネーション」が大事だということをクラス全体で共有していくことによって，沈黙のパートナーがさらに成立していくということですよね．そのためにも教師がどう介入していくか，関与していくかというところが非常に大事なポイントだと思うんです．こういった表現の多様性というところを授業の中で展開させていこうとすると，なかなかそれをうまくやり取りさせることができなくて，自信がなくて，そういったところまで指導に立ち入れないという先生が多くいらっしゃると思うんですよね．表3.3にあるような活動の多様性というものを促していくために，授業をする先生にとって必要な構えというのは，どんな所にあるんでしょうかね．

森本：難しい事を要求しているわけじゃないと思うんですね．やっぱり子どもと一緒になって考えていくと．先生は答えは知っているってよく言うけど，僕は知ってないと思うんだよね．だって，子どもなりの表現で，例えば，空気の温まり方を知る．そんなのいくつか例は知っているけど，全部は知らないですよね，先生は空気が温まるというのはもちろん知っているけど．先生が知りたい，あるいはクラスの仲間が知りたいのはそこじゃなくて，どういう理解の仕方で，それで空気が温まっていくのっていうことを知りたい．それが納得っていうことになるわけでしょう．腑に落ちるということになる．それを授業の基本にするということですよね．だから一緒になって考える．でもね，それ

は時間かかるじゃないかということもある.

　そういう学習の習慣化ということが今求められているわけでしょう. 知識を記憶させるのではなくて,子どもが説明し切る,し尽くす. やっぱりそういう事をするためには,子どもと一緒に考える. そのためには表現する. そうするとね,自然とそういう学習習慣が身に付いて,子どもだって変わりますよ. 何でもかんでも言えばいいんじゃない. 子どもなりに問題を収束させながら考えも煮詰めていく. そういう学ぶ集団を作る. それしかないです. インスタントにはいかないと思います. インスタントじゃ,子どもは育たないですよね.

## 註

（1）　川崎市立下沼部小学校教諭　有泉翔太氏の2020年度の実践.

## 引用文献

AAAS（2009）*Project2061*, www.project2061.

デューイ,J.（2012）『学校と社会』（市村尚久訳）,講談社,119.,123.

Exploratorium（2015）*Science Writing : A Tool for Learning Science and Developing Language*, 1-2.

Gov. UK Department for Education（2014）*The national curriculum in England framework document*, 169.

Kapon, S.（2017）Unpacking sensemaking. *Science Education*, 101（1）, DOI 10.1002/sce.21248, 166.

Odden, T. O. B. & Russ, R. S.（2019）Defining sensemaking : Bringing clarity to a fragmented theoretical construct. *Science Education*, DOI 10.1002/sce.21452, 191-192.

TIMSS（2019）Countries'Mathematics and Science Achievement, in *TIMSS 2019 International Results in Mathematics and Science*, Boston College.

Toulmin, S. E.（2003）*The Uses pf Argument updated edition*, Cambridge University Press 89-95.

（森本信也）

# 第4章 理科授業における評価による子どもの考えの解釈と支援

## 4.1 子どもの考えを解釈するための評価の三角形

3章では，子どもの考えの可視化について考え，対談では議論が行われました．その中のキーワードの1つに「自分なりの説明（セルフ・エクスプラネーション）」がありました．子どもが自分の考えを説明し切る，し尽くすことが重要であり，それが考えを深める契機になることが示されていました．

自分の考えを可視化することを繰り返し，クラスの仲間や教師に対して説得力のある説明をし，同時に自分でも腑に落ちる考えに到達することが理想です．このような相互評価に基づいた自己評価の実現が重要です．3章ではこの実現によって，第Ⅰ部（1，2章）に示されていた学力が子どもに育成されていく様子やそれを支える指導の原則が示されていました．

4章では，子どもが可視化した考えである表現を教師がどのように解釈して支援をしていくのかについて取り上げたいと思います．子どもに考えを可視化させる（表現させる）だけでは，深い学びにはつながりません．子どもの表現に対して，教師の明確な意図に基づくフィードバックがあって初めて，子どもの考えが深まると考えるからです．また，フィードバックは子どもの必要感に合ったものでなければなりません．こうした視点に基づく表現の解釈とフィードバック，すなわち指導について評価論を基にして考えていきます．

4.1では表現の解釈を中心にして考えます．そのためにまずは評価の2つの側面について考えます．「エバリュエーション（evaluation）」と「アセスメント

(assessment)」です．どちらも日本語では評価と訳すことができます．エバリュエーションは主にテストを通して，子どもの学習の到達度を把握する評価方法です．アセスメントは多様な方法から，子どもの学習状況を捉える評価方法です．

　例えば，1章で示された**図1.3**のようなことばだけではなく描画も用いた表現から，**表1.2**のホワイトによる記憶要素を分析して学習状況を捉えていくことはアセスメントです．また，ノートやワークシートの記述だけではなく，授業中の発言や実験中の活動の様子などから，子どもの学習状況を捉えることもアセスメントです．アセスメントの語源はラテン語の「sit beside（一緒に側に座る）」であり「周到な観察」が求められます（有本, 2008：272–281）．周到な観察から学習状況を把握することできれば，適切なフィードバックが可能になります．

　本書ではここまでアセスメントということばは使用されていませんでしたが，随所にエバリュエーションではなくアセスメントによって子どもの考えを捉えることの重要性が書かれていました．4章でも評価ということばはアセスメントという意味で用います．

　子どもの考えを解釈するのは，身長や体重を測定するほど簡単にはいきません．目に見える形で外に出された表現から，子どもが心の奥底にもっている考え（心的表象といいます）を解釈しなければなりません．そういう理由から，子どもの様子を周到に観察することが必要になるのです．子どもが何を知っているのかについて，教師は合理的に推論をする必要があります．合理的な推論をするためにペリグリーノらの提案する「評価の三角形（The Assessment Triangle）」（National Research Council, 2001：296）を基に考えることは有用です．**図4.1**に示す三角形です．アセスメントの根底となる重要な3つの要素で構成されています．「認知」→「観察」→「解釈」のプロセスで進められます．この3つはどれも省略できるものではなく，すべてが組み込まれる必要があります．3つの要素とそのプロセスについて理科授業を例にすると**図4.2**のように示すことができます．それぞれについて説明をします．

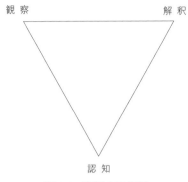

図4.1　評価の三角形

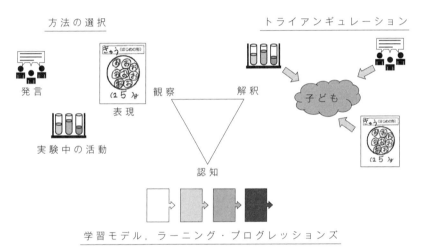

図4.2　理科授業における評価の三角形

## （1）「認知」

　「認知」とは，子どもが理科でどのように知識を構築して認知的スキルを高めていくかに関する理論や仮説のことです．2章で取り上げられた非認知的スキルを含めて考えることもできます．これは学習のモデルであり，領域や学習内容ごとに異なる理論や仮説が必要になります．この理論や仮説について，評価論の研究では「ラーニング・プログレッションズ（learning progressions）」（以下，LPsと示します）に焦点があてられています．学習の軌跡（learning trajectories）

とも呼ばれていますが，子どもがどのように学習を進めていくのかが示された学習過程・学習モデルのことです．実際に想定した学習モデル通りに学習が進まないことはもちろん考えられるため，LPs は仮説として扱われます．こここの「認知」の説明では LPs を取り上げます．

　粒子領域の基本概念である「粒子の保存性」の LPs を図4.3に示します（渡辺・松尾, 2018：50-75）．この内容は小学校段階では第 3 学年「物と重さ」と第 5 学年「物の溶け方」に関係します．子どもは第 3 学年以前から生活経験や素朴概念をもっています．「物と重さ」では，このような子どもの生活経験や素朴概念を質的・実体的な視点を働かせることで可視化し，それを基に目標の到達を目指します．さらに「物の溶け方」では「物と重さ」の既習内容を基にして，物が水に溶けている様子についての考えを質的・実体的な視点を働かせて可視化し，目標の到達を目指します．

　図4.3で示したように，【目標】の到達のために，どのような【知識と認知的技能】が必要なのかを教師が想定したものが LPs です（Popham, 2008：24-27）．例えば【目標】は学習指導要領の目標を基にして，【知識と認知的技能】は既習内容や生活経験，素朴概念，学習指導要領に示されている問題解決の力や見方・考え方などを基にすることが考えられます．それ以外でも教師が大切だと判断した内容を基にして想定します．

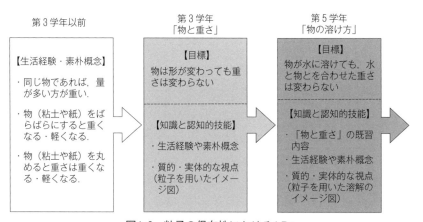

図4.3　粒子の保存性における LPs

　LPs には生活経験や既習内容が入っているため，クラスごとに異なります．また，授業を実践する中で仮説である LPs が異なると判断した場合，それを修正していく必要があります．

### （2）「観察」

　「観察」とは子どもの考えを解釈するためのエビデンスを収集することです．「認知」で想定した LPs に基づいて，どのような場面を設定してどのようにして子どもの様子を捉えるのかを決定します．課題設定や表現方法の決定です．

　例えば【知識と認知的技能】に質的・実体的な視点を働かせることが含まれている場合は，イメージ図を用いて考えを可視化することを促します．また，日常生活や素朴概念が含まれている場合は，予想の段階でそれが表出するような学習課題を設定し，実験を通して考察で科学的なものに変容する問題解決の学習を促します．

　授業中の子どもの様子すべてが，子どもの考えを捉えるエビデンスになります．予想や考察において考えの可視化を促すことで，現時点でどのように考えているのか，どのような変容があったのかを解釈することができます．また，実験中の活動の様子からも，どのような見通しや意図をもって実験を行っているのか，適切な実験を行うことで考察につながるようなデータを取得できているのかを解釈することができます．授業中のつぶやきや発表からも，子どもの考えていることや興味・関心のある内容を解釈することができます．

### （3）「解釈」

　「解釈」とは「観察」で得られた子どもの様子を解釈することです．ここでも「認知」で想定した LPs を基にして解釈をします．

　1つのデータから解釈をするのではなく，複数のデータを基にした解釈が必要になります．複数のデータから解釈をする方法は「トライアンギュレーション・三角測量（triangulation）」と呼ばれてます．

　例えば，考察や結論段階のノートの表現だけで【目標】に到達したのかどうかを判断することなく，実験中の様子や発表の様子も含めて【知識と認知的技

能】を用いていたのかについて解釈していきます．それでも解釈が難しい場合は，授業後に子どもに直接聞いてみて合理的に推論していくことが大切です．

　このような合理的な推論は，授業内で即時的に教師が行うことが理想です．即時的に解釈ができれば必要なタイミングでフィードバックができます．「認知」→「観察」→「解釈」のプロセスを経て，フィードバックを行うことまでがアセスメントになります．しかし，授業内ですべての子どもについて合理的に推論するのは困難です．その場合は，提出したノートから解釈しコメントをする（個々の子どもへのフィードバック），次の時間に前の時間の内容を確認する（集団へのフィードバック）などをすることが考えられます．

## 4.2　評価の計画と実施に関わるアセスメント・リテラシー

　4.1では「評価の三角形」から子どもの考えの解釈について考えました．4.2では評価の三角形を基に評価活動を計画し実践するために教師が意識する必要のある「アセスメント・リテラシー（Assessment literacy）」について取り上げます．リテラシーは科学的リテラシーというワードで3章にも出てきましたが，アセスメント・リテラシーとは教師のもつ評価能力のことです．

　教師のもつアセスメント・リテラシーは，評価がどのように計画され，どのように実施され，どのように得られたデータを解釈・活用するのかに影響を与えるものです．評価論の研究では教師が自身のもつアセスメント・リテラシーを授業で十分に活用しきれていないことが明らかになっています．評価についての知識や能力をもっていたとしてもそれをすべて授業実践で使いこなすことができていないということです．そのため，教師が自身のもつアセスメント・リテラシーを自覚して，それを意識して評価の計画・実践をしていくことには意味があります．これは子どもの考えの価値付けやフィードバック，すなわち指導の質の向上につながります（森本, 2020：88-90）．

　アベルとシーゲルの提案を基にして，このリテラシーについて考えていきます．アベルとシーゲルは理科教師のもつアセスメント・リテラシーを**図4.4**のようにモデル化しました（Abell & Siegel, 2011：205-221）．

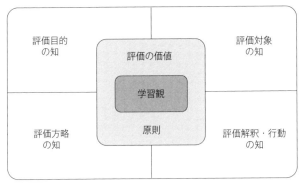

図4.4　アセスメント・リテラシーのモデル

　このモデルの注目するべきところは，教師のもつ学習観が根底に据えられ，それに基づく評価に対する価値や原則が中心になっていることです．それに対応するように評価の目的，対象，方略，解釈・行動の4つの領域の知が示されています．この4つの知は相互に関連しています．まずは学習観や評価の価値・原則を基にして評価について考えます．

　教師のもつ「学習とは何か？」についての学習観によって，実施される評価は変わります．例えば，教師が学習とは知識を習得することだと考えている場合は，記憶を再生するテストを中心とした評価を重要視します．一方，学習とは意味を構築すること・更新すること（sensemaking）だと考えている場合は，子どもが知識を活用して問題を解決していく様子の評価を重要視します．

　また，教師が1章で説明された認知的スキルと2章で説明された非認知的スキルを一体化して捉えている場合は，どちらの能力も育成される学習を重要視するため，それを見取るような評価を行います．

　図4.2の評価の三角形の「認知」の構想（LPsの構想）も教師のもつ学習観に大きく関わっています．このように教師のもつ学習観が評価の価値や原則に影響を与えます．

　アベルとシーゲルは社会構築主義の立場から評価の原則として4つの原則を推奨しています．以下の4つです．

1. 評価は教師が子どもについて学ぶプロセスであり，多様な評価方法を用いる必要がある
2. 評価は子どもが学ぶプロセスであり，足場づくりになるものでなければならない
3. 評価は子どものメタ認知活動を支援するものであり，自己調整学習への支援になるべきである
4. 多様な子どものことを考慮し，それぞれにとって公平でなければならない

　4つの原則から評価について考えると，教師は多様な方法を用いて子どもについて推論しなければならず，それを基にしたフィードバックは子どもにとって足場づくりになるものでなければなりません．また，評価は教師だけが行うものではなく，子どもも自己評価することで評価に「参加する」必要があります．

## 4.3　理科授業におけるアセスメント・リテラシーに基づく授業実践

　評価の目的，対象，方略，解釈・行動の4つの領域の知について，具体的に説明します．また，各領域の知識を活用した例を小学校第6学年「水溶液の性質」の内容を取り上げて説明します．[(1)] 実際の事例を示す際は教師をT，子どもはアルファベットで示します．

### （1）評価目的の知
　「評価目的の知」は評価活動の目的に関わる知識です．教師が評価を意図的に行うために，その評価を行う目的を明確にすることに用いる知識です．診断的評価や形成的評価，総括的評価を例にします．診断的評価の目的は，これから始まる授業に関する子どもの既有知識や生活経験，興味・関心から学習上の困難な内容を発見することや学習の展開を考えることです．また形成的評価の

目的は，現時点での学習状況から子どもの学習や教師の指導方法，単元構成などの改善のための情報を得ることです．さらに総括的評価の目的は，子どもの学習の達成状況から成績付けや修了の認定，指導計画の有効性を検討するための情報を得ることです．このような各評価における目的に関わる知識です．

　この知識を活用する例として診断的評価を取り上げます．子どもの既有知識や日常生活の経験を表出させることを目的にした場合の事例を示します．

### 【評価目的の知を活用した診断的評価の様子】

Ｔ１：今日から水溶液の内容が始まります．水溶液はどんなイメージですか？

Ａ１：透明．

Ｂ１：なんか白く濁っているイメージはある．

Ｔ２：他にはどう？

Ｃ１：薬品とかのイメージ．

Ｔ３：他には無いかな？　去年やらなかった？

全体１：やった！　食塩水．ミョウバン水もやった．

Ｔ４：あとは……みんなのお家とか身の回りにもあるんだけど．

（なかなか意見が出されない）

Ｔ５：これ（トイレの洗剤）とかも水溶液です．

Ｂ２：「混ぜるな危険」だって！

Ｔ６：どうして混ぜたらだめか知っている？

Ｄ１：混ぜたら……危険なんだよ．

Ｔ７：（笑う）そういうことも調べていきましょうか．ちょっと危険な水溶液もあるかもしれないよ．調べる自信はありますか？

全体２：あんまりない……．でもやってみたい！　調べたい！

　この学習内容の１時間目の場面です．教師は水溶液に対するイメージを発問することで，子どもの既有知識や日常生活の経験を表出させることを促しています（Ｔ１）．表出されたイメージから「第５学年の物の溶け方の内容が出てこないな」「普段身の回りにある水溶液のことを意識していないみたいだ」など

と子どもの様子を見取り，それを基に学習の展開を考えていきます．また，危険な水溶液も取り扱うことに対する思いについて発問することで，子どもの興味・関心の状態を見取っていきます（T7）．

「評価目的の知」を意識することで評価の目的が明確化され，有用な情報を得ることができ，その情報の活用につながります．

### （2）評価対象の知

「評価対象の知」はカリキュラムの目標に関わる知識です．カリキュラムから何を学ぶことが重要なのかを分析して，それに応じて何を評価するのかを決定するために用いる知識です．教師の学習観と関連があります．また，**図4.2**に示した評価の三角形の「認知」に関連する知識です．

この知識を活用する例として学習指導要領を分析することが考えられます．例えば「水溶液には，金属を変化させるものがあるという粒子の結合についての知識を習得する」や「より妥当な考えをつくりだし，表現するという問題解決の力を育成する」などを分析して，何を学ぶのか・何を育成するのかを明確にします．また，粒子領域であるため粒子概念の基本概念についても分析して，構築を目指す科学概念（例えば，粒子の結合や粒子の保存性に関わる概念）を明確にします．

上述した内容は認知的スキルの分析でした．それだけではなく非認知的スキルについても分析が必要です．例えば主体的に学習に取り組む態度に関わって，レジリエンス（resilience）を評価対象にしたとします．2章**表2.1**ではレジリエンスは「自分にとって，困難な状況にあっても，その状況から明確な意思のもとで，回復しようとすること」と説明されています．次に示す事例はレジリエンスが見取れる場面です．

### 【レジリエンスが見取れる場面】

T8：どう？　炭酸水はできたの？

E1：ペットボトルはへこんだけど，泡が出てこない．

F1：溶けたかどうかわからない．

Ｔ９：できたかどうかわからないのだね．どうする？

Ｇ１：ペットボトルでつくったやつに石灰水を入れる．

Ｔ10：みんな，それの意味分かる？　なんで石灰水を入れようとしているの？

Ｅ２：もし二酸化炭素が入っているんだったら，白く濁るから．

Ｔ11：入っているだけで白く濁るの？

Ｂ３：溶けていたらだ．溶けているか溶けていないか．

Ｔ12：溶けていたら白く濁るはずか．本当に溶けているのか調べるのね．他にはどう？　炭酸水かどうか調べる方法．

Ｈ１：えっと……．リトマス紙を……．

Ｔ13：みなさん，リトマス紙はどうですか？

全体３：良いと思う．

Ｔ14：他には？　この２つでよいのかな？　じゃあ後半はこれを解明しましょう．これを明らかにできたら，みんなの目標に近づけるよね．

「水と二酸化炭素で炭酸水はつくれるのか」という課題を調べるために，ペットボトルに水と二酸化炭素を入れて振る実験を行った後の場面です．子どもは振った後の液体から市販の炭酸水のように泡が出てこないため，判断ができない状態でした（Ｅ１，Ｆ１）．ここで教師はどうすればいいのかを考えさせます（Ｔ９）．その結果，石灰水を用いて調べる方法が出されました（Ｇ１）．さらに教師は他の方法についても考えさせました（Ｔ12）．他の方法として，リトマス紙を用いて調べる方法も出され，２つの方法によって課題の達成に近づくことが確認されました（Ｔ14）．

　この場面では，実験で炭酸水ができたか分からないという困難な状況でも，目標を達成するという明確な意思のもとで，石灰水やリトマス紙を用いるという解決する方法を考案しています．子どものもつレジリエンスが表れています．教師が評価対象としてレジリエンスを意識していれば，この場面で見取ることが可能になります．

　「評価対象の知」を基に何を学ぶのか，育成したい認知的スキルと非認知的

スキルとは何かを教師が意識することで，子どもからの能力の発現を見逃すことなく，適切に見取ることにつながります．

### （3）評価方略の知

「評価方略の知」は評価する方法やフィードバックの方法に関わる知識です．「評価対象の知」と強く関連します．対象をどのような方法で評価するのか（どのように可視化させるのか）を決定するための知識です．例えばノートの記述内容から評価する，実験中の様子から評価するなどを決定することです．また，図4.2に示した評価の三角形の「観察」に関連する知識です．

　この知識を活用する例として粒子概念（粒子の結合）の構築について取り上げます．1章表1.2のホワイトによる概念についての諸要素に示されているように粒子概念には多様な要素が含まれています．そのため多様な要素（描画やことばなど）を用いた表現活動を促すようなワークシートを使用して評価する方法を行います．

　例えば塩酸にアルミニウムを入れて気体が発生する，その水溶液を蒸発させるとアルミニウムとは異なる物質が析出するというエピソードを子どもが実験で獲得したとします．そのエピソードについての解釈を塩酸とアルミニウム，水素を粒で表して説明できる（イメージを表出できる）ように，図4.5に示すような試験管の絵をワークシートとして渡します．それにイメージを描画させ，描画をことばでも説明するように促します．図4.5のイメージ図とことばから粒

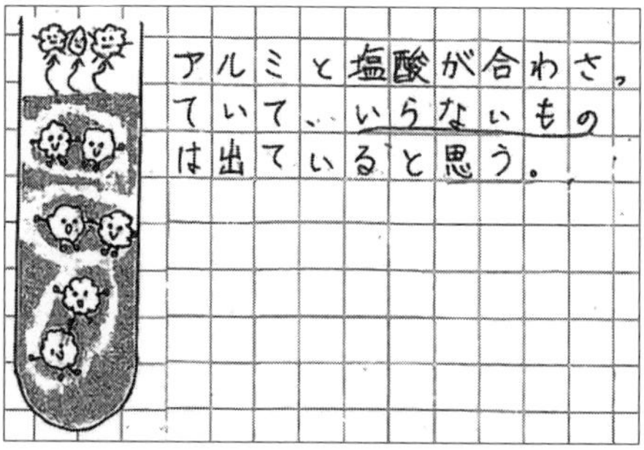

図4.5　イメージを用いた表現

子の結合に関する粒子概念が構築されている様子を見取ることができます．このように評価方法の決定は，評価対象をどのように可視化させるのかを決定することです．

　また，フィードバックの方法に関わる知識は「効果的なフィードバックとは何か？」に関わるものです．ハッティは，効果的なフィードバックを 3 つのレベルから考えています（Hattie, 2012：116）．「課題レベル（どこに向かっているのか）」，「プロセスレベル（どのように進んでいるのか）」，「自己調整レベル（次はどこに進むのか）」の 3 つです．

　フィードバックのレベルを意識して，（　）内に示した 3 つの問いに子どもが答えられるようにすることが大切です．そのためにフィードバックは，子どもにとって内容が明確で具体的に次の学習への道筋が示されている必要があります．例えば「もう一度考えてごらん」のような抽象的なフィードバックは効果が期待できません．具体的に「何を」もう一度考えるのかを示さなければなりません．子どもがフィードバックの内容を理解できれば，フィードバックが現時点での理解のレベルと目標とされる理解のレベルとの間のギャップを埋めるものとして機能します（Sadler, 1989：119–144）．

　「評価方略の知」を意識することで，適切な方法を用いて評価対象に関する子どもの学習状況を可視化することができます．また，フィードバックが足場づくりとして機能することにつながります．


### （4）評価解釈・行動の知

　「評価解釈・行動の知」は得られたデータを解釈し，学習展開や指導計画を修正・改善することに関わる知識です．**図4.2**に示した評価の三角形の「解釈」に関連する知識です．

　この知識を活用する例として粒子概念（粒子の結合）の構築について取り上げます．授業後にノートの記述内容から，**図4.5**のように粒子を用いて結合しているイメージを表現しているかを確認します．粒子の結合について表現ができていない子どもがいる場合は，どうして表現ができなかったのかを解釈する必要があります．

　実験結果が明確に出なかったのが原因だと解釈した場合は，もう一度班ごとに実験をする，演示実験によりクラス全体で確認するなどの指導の修正・改善を行います.

　また，粒子を用いた表現に慣れていない，表現方法として粒子を使い切れていないと解釈した場合は，次時の始めに図4.5をクラス全体に見せることで，どのように粒子で表現すればいいのかを共有することが考えられます. その上でもう一度表現する時間を取るなどの指導の修正や改善をします. このように子どもの学習状況を解釈して次の指導を構想することです.

　教師が前時のノート記述を分析して得られたデータから授業の課題を設定している事例を取り上げます. 子どものノートの記述から，子どもの興味や学習状況を解釈し，単元開始前に想定していた学習の展開や指導計画を修正・改善した様子です.

### 【得られたデータに基づいて課題を設定している場面】

T15：前の時間のみんなのノートを見たんだけど，もうすでに水の中の二酸化炭素がどうなっているの？　っていうことを考え始めていました. すきまに入っているとか，合体しているとかは7人いました. すきまなのか合体なのかわからないっていう人が16人いました. どうですか？

B4：なんか，水と一体化している. 水と対等なイメージ.

C2：合体しているやつとすきまに入っているのがどっちもいると思う.

T16：それをはっきりするために，まずは炭酸水のことを知らないとだよね.

全体4：まあ，そうだね.

T17：炭酸水がつくれるか，本当に炭酸水になったか，なったとしたら炭酸水の中はどうなってるか. この順番かな？　この順番ではっきりしていったら近づけるよね. 二酸化炭素が水の中でどういう風に入っているのかに. 今日は何をしましょうか. 課題はどうしようか.

I1：まずは水と二酸化炭素で，炭酸水はつくれるかかな.

　教師は前時のノートを確認して，子どもが炭酸水の中で二酸化炭素はどのよ

うに存在しているのかに興味をもち，すでに考え始めている様子を見取っていました．多様な考えがあること，迷っている人もいることを子どもと共有しています（T15）．教師は授業前にまずは炭酸水についての知識が必要だと判断していました．そのため，炭酸水のことをまずは調べることを提案し（T16），「炭酸水はつくることができるのか」→「炭酸水の中はどうなっているのか」という学習の流れを明確にしました（T17）．

　ここではノートの記述から得られたデータの解釈のことを取り上げましたが，授業内での実験中の子どもの活動の様子を基にして，即時的に学習展開を修正することも必要です．

　「評価解釈・行動の知」を意識することで，子どもの興味・関心や学習状況に即した授業や指導を実現することにつながります．

　4.2 と 4.3 ではアセスメント・リテラシーのモデルを取り上げて，学習観と評価の原則，それに基づいた 4 つの領域の知識について説明をしました．現在，教師が評価を意図的な教育活動としてではなく，成績付けのために習慣として行い，評価で得られた情報を十分に指導に活用できていない現状が指摘されています（学習評価の充実が求められています）．

　習慣としての評価から脱却し，評価に基づく意図をもった支援を可能にするためには，教師がアセスメント・リテラシーのモデルを基にして自身のもつ学習観，評価の目的，対象，方略，解釈・行動に関する知識を意識して評価を行うことが必要です．そうすることで評価活動が機能して，指導と評価が一体化された学習評価の実現につながっていきます．

## 4.4　授業実践の中で可視化された子どもの表現の解釈を考える

　4.1〜4.3 において，評価の三角形に基づく子どもの表現の解釈と，評価を計画・実施するためのアセスメント・リテラシーについて考えてきました．教師がどのような評価に関する知識を基にして評価活動を行っていくのか，もう少し具体的に吟味してみたいと思います．対談は 4 章の執筆者渡辺理文と本書の編著者である野原博人で行いました．

## 認知的スキルと非認知的スキルを一体化した学習モデルの想定

野原：4章では図4.1の「評価の三角形」から，図4.2の「理科授業における
　　　評価の三角形」を示しています．図4.2については，本書が目指して
　　　いる認知的スキルと非認知的スキルの融合と定義した学力を育成して
　　　いく上でも非常に有用な考え方だと思います．認知的スキル，非認知
　　　的スキルという側面から見た学力の育成において，図4.2がどのよう
　　　に機能するのか，渡辺先生のお考えをお聞きしたいと思います．

渡辺：今，野原先生がおっしゃっていた認知的スキルと非認知的スキルは，
　　　評価の三角形の一番下の「認知」に当たります．教師が「認知」の部
　　　分でより良い学びとは何なのかということから，学習のモデルを想定
　　　するのが「認知」の部分ですので，まず教師が認知的スキルと非認知
　　　的スキルを一体化した学習について考えることが，評価の第1段階だ
　　　と思います．

野原：今，「認知」の部分には認知的スキルだけではなく非認知的スキルも
　　　含まれているとお話しされました．「認知」の部分について，図4.3に
　　　はラーニング・プログレッションズ（以下，LPs）の概念が用いられて
　　　います．図4.3も踏まえながら，今の認知的スキルと非認知的スキル
　　　について，具体的にお話しいただけますでしょうか．

渡辺：はい．図4.3に示したLPsは，認知的スキルに焦点化しています．2
　　　章でも，認知的スキルの育成を非認知的スキルが支えているという内
　　　容が対談されていました．そのことも考慮すると，図4.3に非認知的
　　　スキルも入れ込んで考えていく必要があると思っています．

　　　　例えば，第3学年「物と重さ」の部分を見ると，物は形が変わって
　　　も重さは変わらないという目標に到達することがゴールになります．
　　　ここに到達するまでに，子どもは非認知的スキルも用いると思います．
　　　具体的には，他の子どもと考えを共有しながら有用な考えを取り入れ
　　　たり，他の班の結果を受けて自分の班の結果を振り返ったり，表現し
　　　て考えを可視化することによって自分で知識をつくっていくんだとい
　　　うことです．今，話した部分は，非認知的スキルのソーシャルスキル，

メタ認知方略，成長的思考態度につながっていると思います．そういうものも含めて評価の三角形の「認知」を考える必要があると思っています．

## 評価の三角形の 3 つの要素を機能させる

野原：トライアンギュレーションの話が評価の三角形の「解釈」の部分で出てきたんですが，説明していただけますか．

渡辺：トライアンギュレーションについては，授業の最後にノートを提出させて，その記述から子どもが LPs の目標に到達しているかどうかっていうのを判断するだけでは足りないと思っています．

　　　例えば，図4.3の第 5 学年「物の溶け方」の目標に関して言えば，物が水に溶けても水と物とを合わせた重さは変わらないとノートに書いていたとしても，それでその子どもが理解しているかどうかは判断ができないと思うんですよね．実験中にデータをしっかり整理できていたり，自分の考えにしっかりとエビデンスをもっていたりしたかどうか，学級全体でいろいろな考えを交流して，そこに至っていたかということも含めて捉える必要があるかなと考えています．

野原：より多面的に子どもの学習状況を捉えていくという意味でも，トライアンギュレーションという考え方が，評価に取り入れられていく必要があるということですよね．

渡辺：はい．3 章との関わりで説明すると，いろいろな場面で子どもの考えを可視化して，それを基にして子どもの学習状況を捉えていく，トライアンギュレーションによって捉えていくことが大事かなと思います．

野原：そのためにはやはり「認知」での LPs の想定と「観察」での方法の選択のつながりを意識しながら，「解釈」も含めて 3 つの要素が順繰りと回っていくことが評価のイメージなんだと思います．この 3 つの要素では「認知」，「観察」，「解釈」に段階があると説明がされています．例えば，順番が変わったり，場合によっては違う場所から始まったり，そういうことっていうのはあるのでしょうか．

渡辺：「認知」がまずあって，それを基に「観察」で方法を選択して「解釈」
　　　していくという流れが理想的かなとは考えています．

　　　　野原先生にお聞きしたいのですが，小学校で教員をされていたとき
　　　に，子どもの様子からどういう学習が良いのか，この単元ではどうか
　　　など，まずは子どもの「観察」から始まって「解釈」をして「認知」
　　　へという流れもあるのかなと思っているんですが，そういうことはあ
　　　りましたか．

野原：そうですね，渡辺先生がおっしゃっていたように，「認知」，「観察」，
　　　「解釈」っていう順番で授業デザインはしていくと思うのですが，授
　　　業を進めていきながら改善をしていく状況もあり得ますので，そう
　　　いった場合は繰り返し，つまり3つの要素をぐるぐる回ることもある
　　　のかなと思います．

渡辺：「認知」の部分のLPsはモデルなので，まだ仮説段階ということで修
　　　正が必要だと思うんですよね．ベテランの先生は今までの経験を踏ま
　　　えて想定するだろうし，初任の先生は初任の先生なりに想定すると思
　　　います．「観察」，「解釈」から「認知」に戻ってというところのサイ
　　　クルはすごく重要かなと思っています．そう考えると，ベテランの先
　　　生と初任の先生がこの「認知」の想定を共有できると，子どもの考え
　　　を可視化したものを捉えやすくなるのかなっていうことを，今，野原
　　　先生のお話聞いていて思いました．

野原：まさに私も同じように考えました．この最初の「認知」のLPsをい
　　　かに深めた状態で授業を展開していくのか，ということが大事ですし，
　　　その修正も大事ですよね．授業を進めていきながら，子どもの学習状
　　　況を捉えていきながら，授業展開を修正していくことはやはり大事で
　　　すよね．

**教師の学習観に基づく評価活動**

野原：図4.4に「アセスメント・リテラシーのモデル」があって，これに基
　　　づいて実際の理科授業の分析をしながら，内容について示していただ

いています．４つの視点がありますよね．その真ん中に学習観というものがあります．この学習観，どのような学習観が教師に求められているのでしょうか．

渡辺：はい．本書の１章，２章でも述べられていましたが，１章で議論されていた認知的スキルを育成するというのは，すごく大事だと思っています．それだけじゃなくて，その認知的スキルを育てるために必要な非認知的スキルもしっかり考慮する必要があると思っています．これは２章に書かれていたと思います．１章と２章での認知的スキルと非認知的スキルはどちらも大事で，相互的に作用する，一体化して捉えるという学習観を教師がもつ必要があると思っています．

野原：図4.2の評価の三角形も，この学習観に影響を受けていると捉えても良いんでしょうか．

渡辺：あっ，そう思います．教師の学習観がすごく影響を与えるというか，まずはそこをしっかり固める必要があるかなと思っています．

野原：そういった学習観をしっかりともった上で，４つの視点から評価を進めていくというように本文が展開されています．最初に「評価目的の知」についてですが，ここでは３つの評価が挙げられています．診断的評価・形成的評価・総括的評価．本文中では，診断的評価の様子について取り上げられていました．例えば，形成的評価について，もう少し教えていただけたらと思います．

渡辺：評価の目的の知ですごく大事だと思うのは，目的をしっかりもたないと，習慣として単にノートを提出させるだけになってしまう危険があるということです．

　　　例えば，形成的評価の目的は，現時点での子どもの学習状況を把握して，次の学習をどうするかを教師が決定するために，子どもの考えを可視化するというのが目的だと思います．そういう目的をしっかり意識しないと，子どもに考えを表現させれば良いとか，表現させることがゴールになってしまい，それで終わってしまうのかなって思っています．

　　本書でもよく出てくるイメージ図で表現して説明するというのは，形成的評価の話を分かりやすくするかと思います．イメージ図には子どもが何ができるのか，何が分からないのかっていう部分が表れてくると思うんです．1章でも書かれていましたが，イメージ図にはいろいろな要素が含まれているからです．いろいろな要素が含まれていますので，教師が，子どもが迷っている部分やできている部分を見取ることができると思います．

　　もしも，目標に到達していなかったとしたら，なぜ到達できなかったのかを考えて，もう1回実験に取り組んでみるだとか，もう1回表現する時間を取るだとか，そういう指導の改善につながっていくのかなと思います．目的をしっかりもてば，指導の改善までつなげていけると考えています．

野原：そうすると，やはり評価の目的というものを明確にもつということが，学力を育成していく上では，非常に大事なポイントになるということになりますよね．

渡辺：はい．まずは目的をしっかりもつ必要があるかなと思います．

野原：次に「評価対象の知」がありました．ここについては水溶液の学習の事例から，レジリエンスという考え方が出てきました．

渡辺：はい．レジリエンスというのは，困難な状況のときにその状況から明確な意思をもって，良い方向に状況をもっていく，回復するということだと考えています．

　　レジリエンスが見取れる場面で示したのは，炭酸水を作る実験で，ペットボトルの中に水と二酸化炭素を入れて振ったんですが，子どもたちはいつも市販で売っているような炭酸水のように泡がどんどん出てこないという状況から，自分たちがつくった水溶液が炭酸水かどうか分からない．今は判断できないという困難な状況になっていた例です．

　　教師が子どもたちに，どうする？　どうやって調べる？　と支援することによって，子どもは明確な意思の下で，目標達成に向かって，

自分たちで方法を構想していった例になっています．ここで教師がレジリエンスという非認知的スキルの視点をもっていなかったとしたら，子どもの学習状況を適切に見取れないと思うんです．もっと言うと，レジリエンスだけではなくて，メタ認知方略だったり，粘り強さとか，グリットだったり，いろいろな能力がこの場面には含まれていると思うんです．そういう視点を教師がもつことによって，認知的スキルだけではなく非認知的スキルを含めて適切に見取ることができると考えます．

野原：やはり認知的スキルと非認知的スキルというものが一体化した評価というものを実現していくことの重要性が，ここでも述べられているのですね．

渡辺：はい．そうです．

野原：先ほど，イメージ図の話ありましたが，次の「評価方略の知」でも，**図4.5**のようにイメージを用いた表現が示されています．これは6年生の金属の質的変化についての描画ですね．本書でもずっと提案してきている，子どものイメージ，1章で説明したホワイトの要素ですね．これを踏まえた学習活動の重要性というものを私たちは本章でも主張しています．この辺りが肝になるかと思うのですが，「評価方略の知」について，お話しいただけますか．

渡辺：先ほどの「評価対象の知」のところで，認知的スキルと非認知的スキルの相互作用とか一体化がすごく重要だっていう話をしました．「評価方略の知」のところで挙げたイメージ図は，認知的スキルと非認知的スキルがすごく見えやすい方法かなと思っています．もちろん，子どもの表現内容から，認知的スキルである知識や思考力・判断力・表現力等は見取りやすいかなと思っています．

　非認知的スキルについては，子どもは実はこういうふうに自分のイメージを書くことにすごく意味があると思っていて，例えば，知識を自分でつくっていくんだ，知識は先生に与えられるものではなくて自分たちで頑張って構築していくものだという．2章でも出てきました

　　　　けど，成長的思考態度を子どもがもっていたとしたら，どんどん表現
　　　　していくと思うんですよね．

　　　　　逆に，表現できない子に対しては，認知的スキルに課題があるのか，
　　　　非認知的スキルに課題があるのかを教師が捉えていかないといけない
　　　　と思います．認知的スキルと非認知的スキルが一体化して合わさった
　　　　ものが表れるのは，このようなイメージ図とそのイメージについて説
　　　　明することばなのかなと考えています．

野原：はい．私もこういった学習方略で子どもが表現する，いわゆる考えを
　　　　可視化させる中で，セルフ・エクスプラネーション，自分で説明しき
　　　　ることを大切に授業実践してきました．子どもが表現した描画を媒介
　　　　として，どうやって説明するのかというのは，認知的スキルと非認知
　　　　的スキルが融合して表れてくる，まさにその典型だと思うんですよね．
　　　　理科授業で大事にしていかなければいけない点だと思います．

　　　　　最後に「評価解釈・行動の知」です．得られたデータに基づいて課
　　　　題を設定している場面のプロトコルが取り上げられています．

渡辺：これはレジリエンスが見取れる場面の前の授業ですね．課題を設定す
　　　　る場面です．

野原：その場面のT17は，子どもの学習問題を立てていくための方向付けを
　　　　している発話だと思いますが，T17の発話も踏まえて，「評価・解釈
　　　　行動の知」で，大切なポイントというのをお話しいただけますか．

渡辺：この授業は，実際に僕も教室で観ていた授業でした．最初のT15で，
　　　　前時の子どものノートを教師が紹介しているのですが，状況としては，
　　　　子どもが自分たちの興味に基づいてどんどん表現していて，まだ実験
　　　　をしていないため，考える材料がない状態でした．この先生には，実
　　　　験のデータを得て，自分の表現を精緻化してほしいという思いがあっ
　　　　たので，T17で，まず最初に炭酸水がつくれるかどうかをしっかり実
　　　　験しましょう，本当に炭酸水がつくれるのかどうかというのをその次
　　　　にやりましょう，と子どもたちが表現したい内容に対して，知る必要
　　　　がある内容を提案している場面になっています．

野原：そういったものが，次の学習に進めるために必要な評価の視点という
　　　意味での解釈・行動の知ということなんですかね.

渡辺：はい. 前時のノートの内容を解釈して，こういうことが必要だという
　　　ことで，指導を変えていったということを示しています. もしかする
　　　と，T17は文字にすると教師が押し付けているように感じるかもしれ
　　　ませんが，目の前の子どもに対する支援を考えたときにここはしっか
　　　り提示した方が良いと教師が判断した部分だったので，T17では教師
　　　が提示したような瞬間になっています. これは子どもの様子を見て，
　　　しっかりここは提示しようと判断したから，こういうような場面に
　　　なっています.

野原：まさに**図4.4**の中央にある学習観というところが，影響しているとい
　　　うことですよね.

渡辺：そうですね. この授業をしてくださった先生は，イメージ図を用いて
　　　子どもが自分の考えをしっかり表現して，それによって，知識を獲得
　　　していく学習が大事だ，という学習観をもっていました. 前時の子ど
　　　もの状態をこの先生は，考える材料なしに想像でイメージ図を書いて
　　　いるような状態だと見取っていましたので，実験を通してイメージ図
　　　を精緻化することで知識を構築していくことが大事という学習観を基
　　　にして指導の改善を行っていたと捉えています.

**註**

（1）　お茶の水女子大学附属小学校教諭　杉野さち子氏の2020年度の実践（前所属の札幌
　　　市立円山小学校での実践）.

**引用文献**

Abell, S. K. & Siegel, M. A.（2011）Assessment literacy : What science teachers need to
　　　know and be able to do. Corrigan, D., Dillon, J. & Gunstone, R.（Eds.）*The professional
　　　knowledge base of science teaching*, Springer, 205–221.

有本昌弘（2008）「監訳者あとがき」OECD教育研究革新センター編『形成的アセスメン
　　　トと学力――人格形成のための対話型学習をめざして』，明石書店，272–281.

Hattie, J.（2012）*Visible Learning for Teachers : Maximizing impact on learning.* Routledge, 116.

森本信也編（2020）『授業で語るこれからの理科教育』，東洋館出版社，88-90.

National Research Council. (2001) *Knowing what students know : The science and design of educational assessment*, Washington, DC : National Academy Press, 296.

Popham, W. J. (2008) *Transformative assessment.* Alexandria : Association for Supervision and Curriculum Development, 24-27.

Sadler, R. (1989) Formative assessment and the design of instructional systems. *Instructional Science*, 18, 119-144. doi : 10.1007/BF00117714（2022年1月5日閲覧）.

渡辺理文・松尾健一（2018）「子どもによる考えの体系化を支援する理科授業とその評価」黒田篤志・森本信也編『深い理解を生み出す理科授業とその評価』，学校図書，50-75.

（渡辺理文）

第 **Ⅲ** 部

# 深い学びを促す理科授業のデザイン

# 第5章 理科授業における子どもの学びを創る学習環境

## 5.1 「エージェンシー」の育成

　OECD（経済協力開発機構, Organization for Economic Co-operation and Development）は，1997年に立ち上げた DeSeCo（Definition and Selection of Competencies）プロジェクトにおいて「キー・コンピテンシー」を定義し，定期的にその検討をしてきました．「キー・コンピテンシー」とは，21世紀の社会で鍵となる資質・能力を意味しています．具体的には，「社会・文化的，技術的ツールを相互作用的に活用する能力（個人と社会との相互関係）」，「多様な社会グループにおける人間関係形成能力（自己と他者との相互関係）」，「自律的に行動する能力（個人の自律性と主体性）」の３つの枠組みから構成されています．

　「キー・コンピテンシー」は，これから急速的に発展するテクノロジーの進歩による社会構造の変化や社会と個人の相互依存の複雑性への対応力を基盤としています．OECD は，2015年から Education 2030プロジェクトをスタートし，DeSeCo プロジェクトの見直しを行いました．この Education 2030プロジェクトでは，これまでのキー・コンピテンシーに加えて，「ウェルビーイング（well-being）」を基軸として，新たなコンピテンシーの定義や育成に向けたカリキュラム，学習評価，教授法などについて調査研究を行なっています．様々な研究の成果と課題を踏まえて，キー・コンピテンシーは2030年においても適切なものであるとして取り上げられています（Rychen, 2016）.

　Education 2030プロジェクトは，様々な社会の変化によって，身につけてい

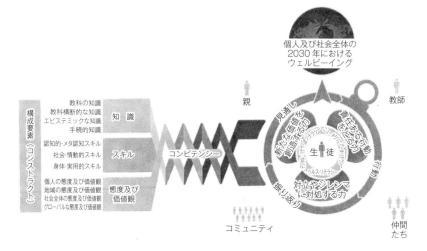

図5.1　Education Learning Framework 2030

（出所）OECD（2018a）．日本語訳は白井俊（2020）より．

かなければならないコンピテンシーも変わっていくと指摘しています．**図5.1**
に示したのは，Education 2030プロジェクトで提起された「Education Learning
Framework 2030」です．**図5.1**にあるように，「知識（knowledge）」，「スキル（skills）」，
「態度および価値（attitudes and values）」が絡み合うことによって形成される，「新
しい価値を創造する力」，「対立やジレンマを調停する力」，「責任ある行動をと
る力」を「変革をもたらすコンピテンシー（transformative competencies）」とし
て措定し，その重要性を示しました（OECD, 2018a）．

　「変革をもたらすコンピテンシー」が目指すのは，「ウェルビーイング（well-
being）」の実現です．OECDは，「ウェルビーイング」について「生徒が幸福
で充実した人生を送るために必要な，心理的，認知的，社会的，身体的な動き
（functioning）と潜在能力（capabilities）である」と定義しています（OECD, 2017）．

　Education 2030プロジェクトでは，「ウェルビーイング」を個人レヴェルと
社会レヴェルの両面からとらえています．**図5.2**のように，個人レヴェルのウェ
ルビーイングが社会レヴェルのウェルビーイングへ貢献することで，個々人の
ウェルビーイングに還元されるという循環関係があることを示しています．

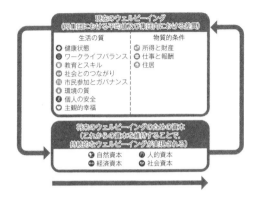

**図5.2　well-being 測定のための OECD の枠組み**

(出所) OECD (2019). 日本語訳は白井俊 (2020) より.

OECD は，**図5.2**における個人レヴェルと社会レヴェルの往還関係の背景には，人間自身も大きな生態系 (エコシステム) の1つとみなす考え方があることを示しています (OECD, 2019).「変革をもたらすコンピテンシー」の育成に向けた重要な指針です.

　ウェルビーイングの達成は，「変革をもたらすコンピテンシー」によってもたらされます.このコンピテンシーを発揮する際に重要となるのが，「エージェンシー (agency)」という概念です.「エージェンシー」について，OECD は，「変化を起こすために，自分で目標を設定し，振り返り，責任をもって行動する能力」(OECD, 2018b) と定義しています.そこには，「結果を予測すること (目標を設定すること)」，「自らの目標達成に向けて計画すること」，「自分が使える能力や機会を評価・振り返ること，自分をモニタリングすること」，「逆境を克服すること」などが含まれています.

　エージェンシーは，他者や社会と能動的に関わる中で育まれます.自分だけの考えに陥らないよう，社会におけるルールと照らし合わすことにより，責任ある意思決定や合意形成はなされます.エージェンシーの発祥です.エージェンシーは社会的な相互作用を通して，その機能がより発揮されます.

　OECD は，他者や社会との関係性の中でエージェンシーが成長していくこ

とを「共同エージェンシー (co-agency)」とし，次のように定義しています.「親や教師，コミュニティ，生徒同士の相互作用的，相互に支援し合うような関係性であって，共通の目標に向かう生徒の成長を支えるもの」(OECD, 2018b).

　エージェンシーの育成では，教師による一方向的な指導ではなく，教師と子ども，子ども同士が相互に支援し合う関係性と紐付けてとらえることが重要です．ここでは，教師の専門性や経験を生かして，教師と子どもが一緒に考え，作り上げていくというプロセスが必須です.

　Education 2030プロジェクトでは，「共同エージェンシー」を基軸に，子どものエージェンシーを育成する「学習環境」のデザインの検討が求められていると捉えられます．子どもの学びを創り出す学習環境のデザインにおいて有用な視点です.

## 5.2　エージェンシー育成のための学習環境デザイン

　学習環境には，物理的な学習環境とともに，学習者である子どもの状況に応じた教師の支援や周囲で共に学んでいる他者の存在などの心理的な学習環境が共存しています．学習環境を考える上において，これら2つの点から分析していくことが必要です.

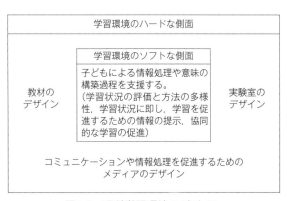

**図5.3　理科学習環境のデザイン**

（出所）森本（2013）.

　図5.3は，物理的な学習環境（ハードな側面）と心理的な学習環境（ソフトな側面）について表しています（森本, 2013：95-124）．ハードな側面とは，理科で言えば，観察，実験器具などの教材や理科室（実験室）のデザイン，ICT機器やその活用によるコミュニケーションや情報処理を促進するための物理的な学習環境です．ソフトな側面とは，ハードな環境との相互作用からもたらされる情報の処理や情報をもとに適切な意味を構築していく過程に焦点を当てるという心理的な学習環境です．

　加えて，ブランスフォードらは，学習環境のデザインとして，「学習者軸」，「知識軸」，「評価軸」，「共同体軸」といった4つの視点を指摘し，これらが相互に関連することで学習環境は機能を発揮することを提案しています（Bransford et al., 2000）．この提案では，子どもが考えや知識を作りだすことのできる環境（学習者軸），教師や周囲の仲間によって意味を構築していく環境（知識軸），効果的なフィードバックを与えたり修正の機会をもたせたりする環境（評価軸）という要素を重視し，互いが重なり合うことにより学習環境のデザインが機能することを指摘しています．

　「学習者軸」，「知識軸」，「評価軸」を包括するのが「共同体軸」です．「共同体軸」とは，「参加者における，自分たちが何をしているのか，またそれが自分たちの生活と共同体にとって，どういう意味があるのかについての共通理解」を意味しています．これは次のようなイメージです．子どもが自分の考えをメタ認知しながら，問題を見出し，解決すること，こうしたことを仲間と共に吟味しながら，学習を深めていくことです．理科授業で言えば，森本による，次の事項の実践です（森本, 2013：95-124）．

　　・子ども一人ひとりが，自然事象について構築した考え方を自由に表現できる．
　　・子ども一人ひとりのどのような表現も，子ども同士あるいは教師によって価値付けられる．
　　・子ども一人ひとりが，自然事象について考えたことを表現することから学習が始まることを自覚している．

・子どもは自らの表現について，常に振り返り，すなわちメタ認知を行なっている．

・科学概念が協働的に構築されることを，子どもが自覚している．

・教師が子どもの学習のカリキュラムを常に教育のカリキュラムから解釈し，徐々に更新させようとしている．子どもがこのことを受け入れている．

　ここまでの議論を踏まえると，学習環境のデザインにおいて根幹を成しているのは「共同体」であると捉えることができます．子どもにとって共同体への参加は，「共同エージェンシー」の現れであり，自らのエージェンシー能力の育成を意味します．

　共同体において育成されるエージェンシーの概念が描く学習者の姿は，構成主義という考え方を映し出していると言えます．それは「子どもによる能動的な学習」の実現だからです．学習者が経験や既に持っている考え方を核にして，情報を収集し，新しい考え方を作り上げていくこと，つまり，考え方を「構成する」ことを意味します．

　子どもは受動的ではなく能動的に学習する資質・能力を潜在的に有しています．子ども同士や教師と子どもによる学び合いを通して考え方を構築していく（森本，2017：9）姿は，正にエージェンシーの概念が描く学習者としての子どもに見ることができます．

　構成主義に基づく学習環境をデザインする視点について，久保田は，「構成主義の学習環境をデザインするためには，目標達成のための規則や手順をそのまま当てはめるのではなく，学習者が自立的に学ぶことができ，いっしょにいる仲間や教師と意味のあるやり取りができることを促す学習環境を用意することである．それには，構成主義の基本的前提を大切にするための共同体を構築していける環境を整えることである」（久保田，2000：65）と述べています．この指摘は，共同エージェンシーの実現において必須の視点です．

## 5.3　理科授業におけるエージェンシーの育成

　ここまで，エンジェンシーの育成を目指した学習環境のデザインについて，議論を進めてきました．5.3では，理科授業におけるエージェンシー育成のための視点について考えてみたいと思います．

　理科授業における認知的スキル育成の視点は，子ども一人ひとりが自然事象についての考えや知識を作り出す力，と本書では定義してきました．また，この認知的スキルは，自己効力感や成長的思考態度などの動機付けやメタ認知，創造性，社会的に関わる能力などの非認知的スキルと融合することによって，相乗的にその機能が発揮されることを確認してきました．認知的スキル，非認知的スキルの育成を念頭に置いた理科授業とは，子ども一人ひとりが表現する自然事象についての考えを，共同体において合意，承認を繰り返し，教師とともに科学的な内容へと更新させる実践であると言えます．

　リップマン（Lipman, L.）は，こうした共同体による行為を「探究」と措定し，「探究とは好奇心を持って，物事を詳しく調べていこうとすることであるが，そこではこうした活動についての適切さについて，探究者による自己点検（self-critical practice）が常に行われている．この意味で探究は実験的な側面を持つ．また，探究活動は一般的にその本質において共同体においてなされる社会的な性質を有している．それは，探究活動が，疑いもなく，その社会で認められ，共有されている事，例えば，言語，科学的な活動，記号，事実等を基礎にしてなされているからである．」と述べています（Lipman, 2003 : 83, 199-201, 211-212, 262-263, 254-255）．

　リップマンの指摘は，「共同体」を前提として探究が促進されていく重要性を示していると捉えることができます．上述してきた学習環境のデザインの主要目標であるエージェンシーの育成状況と言い換えられます．それは以下で説明するように，リップマンが提唱する探究活動を支える一群の思考から例証されるように思われるからです．

　学習者が探究の価値を見出しながら，自ら探究を進めようとするいくつかの

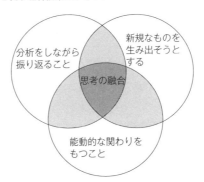

**図5.4　探究活動を支える思考群**

思考をそこに見ることができるのです．具体的には，**図5.4**に示すように，3つの思考に基づく活動により，ここでの探究の内実は示されます．3つの思考が相互に関連していくことの重要性を示しています．それらは以下のように定義されます．

> ・「能動的な関わりをもつこと」：常に問題の所在を考え，その解決の方法を考えようとすること．
> ・「新規なものを生み出そうとすること」：問題を作り上げ，さらにそこに因果関係を明らかにしようとすること．
> ・「分析をしながら振り返ること」：明確な基準をもって探究したことを振り返り，常にこの活動を自己修正（self-correcting）すること．

　3つの思考は，それぞれ偏ることのない思考として駆動することが重要であり，言い換えれば，常に融合した形で機能します．認知的スキル，非認知的スキルの育成として結実します．論理性だけではなく，探究者，すなわち学習者の探究活動へ向けた明確な意思がそこに存在しているからです．3つの思考の融合を踏まえて，理科授業におけるその具体的な姿を以下に明らかにします．

　小学校第3学年「音の性質」の学習で，糸電話で会話をした後，気づいたことや疑問を共有する授業場面を例示します[(1)]．糸電話で会話をした時に，相手の声が聞こえた時と聞こえなかった時とを比較しながら，音の発生と物の振動とを関係付けた学習問題を作り上げていく場面です．

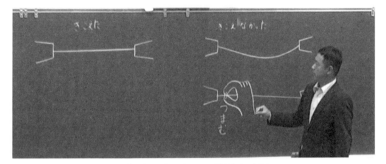

図5.5　板書で音の伝わる状況を確認（T2）

### 【音の発生と物の振動を関係付けた学習問題立案場面】

T 1：きこえた，きこえなかったことがある．

C 1：たまにきこえん．

C 2：なんでかわかるよ，ひもがたるんどると低い声になるからだんだんき
　　　こえんくなる．

C 3：糸電話のひもをつかんどったら聞こえんくなる．

T 2：どこ．（図5.5の板書）ここことか，ここことか．

C 4：糸電話の振動がなくなる．

C 5：振動がなくなってしまうから．

T 3：振動ってキーワード，そんなこと考えてた，言いたかった振動ってど
　　　んなこと．

T 4：みんな聞こえる経験した，聞こえない時って秘密あるんか．

T 5：C 5さんが，言いたかったことって．

C 6：つかむ．

C 7：おさえる．

T 6：つかむんやったら，こんな．

C 8：つまむ．

T10：つまむ？

C 9：つまむや，つまむ．

T11：つまむってどう描いたらええかな，こんなやで．

　C10：うまい.

　T12：糸の,　この部分をつまむと,　聞こえない,　と聞いて,　この後,　話続け
　　　　てくれなかった.

　C11：振動で聞こえているから,　振動がなくなると聞こえんくなる.

　C12：そこで,　糸つまんどるから,　そこで,　響いていくから.

　T13：言いたいこと,　わかった.　なんの話しとるんこれ？

　C13：つまんだら聞こえんくなる.　振動が関わっているんやと.

　T14：どんな問題にしたらいい.

　C14：振動の問題.

（C は子どもの発言で番号は発言の順序,　T は教師の発言で番号は発言の順序）

　T1の問いかけに対し,　C1,　C2,　C3は,「糸がゆるむと少しだけ聞こ
える」,「糸をつまむと聞こえない」と,　糸電話で相手の声が聞こえなかった時
の状態を分析的に伝えていました.「分析をしながら振り返ること」の表れで
す.

　音の発生と糸電話の糸の振動が関係付けられ,　糸のたるみや糸をつかむと
いった音が発生しないときの状態へと問題意識が高められていました.　図5.4
に示す「能動的な関わりをもつこと」の表れです.

　さらに,　T2で,　板書（図5.5）によりその事実を確認すると,　C4,　C5が
「振動」ということばを発言しました.　T3は,「振動」をキーワードとして価
値付けながら全体に伝え,　音の発生と物の振動とを関係付けた思考の促進を図
り,　問題を焦点化しました.「能動的な関わりをもつこと」がさらに深まりま
した.

　C6からC10までの発話では,　糸電話で声が聞こえない状態について確認さ
れました.　声が聞こえない状態を因果的に捉えようとしていました.　このこと
は,「つかむ」,「おさえる」,「つまむ」といったことばで,　糸の振動を止めて
いる様子を板書で確認され,　全体で共有されました.「新規なものを生み出そ
うとすること」が「能動的な関わりをもつこと」を精緻化しました.　また,　こ
の活動過程ではデータについて「分析しながら振り返ること」を伴い,　2つの

表5.1　学習問題立案場面における探究活動を支える思考群

| | | |
|---|---|---|
| 3つの思考の融合 | 能動的な関わりをもつこと | 糸電話で会話した時の事実を共有する．「振動」をキーワードとして，音の発生と物の振動は関係していることを共有する． |
| | 新規なものを生み出そうとすること | 音が聞こえる時は「振動」が関係しているという学習問題を立案する．教師の板書によって，糸（物）の「振動」による音の発生をイメージする． |
| | 分析をしながら振り返ること | 糸電話が聞こえる，聞こえない時の糸の様子から，音が発生する根拠を明確にする．音が伝わらない状態を根拠として，音の発生と糸（物）の「振動」を関係付ける． |

活動を促進していきました．

　上述した授業場面を，図5.4に示した探究活動を支える思考群に即して，整理してみましょう．この授業は，糸電話で音が伝わらない状態を全体で確認し，音が発生する要因を共有し，糸電話で音が伝わらない状態を分析的に捉えていこうとする活動を中心に進められました．

　表5.1に示すように，ここでは3つの思考が融合したことによって，C11の「振動で聞こえているから，振動がなくなると聞こえんくなる」という発話に基づく「なぜ，糸電話の音が聞こえるのか」という学習問題の立案がなされていきました．

　糸電話で音が伝わらない状態を子どもが説明する際のことばは多様でした．授業者は，表現の多様性を認め合うことを促していました．これにより，探究活動を支える思考群が融合し，「なぜ糸電話の音が聞こえるのか」という学習問題が立案されていきました．

　図5.6は次の学習場面です．学習問題に対する予想を全体で共有する場面の板書です．糸電話の声が聞こえる時と聞こえない時とを比較しながら予想を立てていきました．

　授業者は学習問題の「なぜ糸電話の音が聞こえるのか」の「なぜ」の曖昧さを感じ，「声は糸の中でも声なのかな」と子どもに問いかけました．そして，「振動」というキーワードを確認しながら，考えをことばや図を用いて表現するよう促しました．「能動的な関わりをもつこと」の促進です．さらに，授業者は，物の振動による音の発生と伝播に関するイメージの促進を図りました．「新規

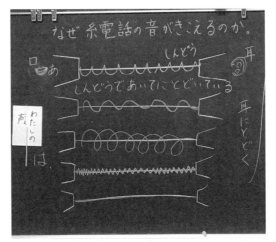

図5.6 音の発生と糸の振動についての板書

なものを生み出そうとすること」の促進です.

図5.6に示した5つの予想は,音の発生と糸の振動の関係をイメージした描画です.授業中,一番上の描画に「しんどう (振動)」ということばが,授業者によって書き加えられました.授業者が子どもの説明や聞いている子どものつぶやきを拾って書き加えたことばです.一番上の図の「振動」に関するイメージと「少し違う」と発言した子どもがいたことで,授業者はその子どもらにそれぞれのイメージを黒板に書くよう促しました.波の大小の違いがあったり,一番下の図のように線を太く書いたり,糸電話の糸の振動に関わるイメージは多様に表現されました.

黒板に書かれた予想を見ながら「みんなすごいの予想しとる」とつぶやいた子どもがいました.ここで,授業者はそのつぶやきを全体に広めながら,物の振動による音の発生に関するイメージは多様であることを伝えました.

授業者がイメージの多様性を受容することの重要性を示したことにより,それぞれのイメージの解釈が促進されました.「新規なものを生み出そうとすること」によるイメージの表出とイメージを解釈し共有しようとする「能動的な関わりもつこと」が重なり合うことで,音の発生と糸の振動についての考えを作り出していくことができたと捉えられます.

表5.2　予想の共有場面における探究活動を支える思考群

| 3つの思考の融合 | 能動的な関わりをもつ | 音の発生と物の振動に関するイメージの多様性を受容する. |
|---|---|---|
| | 新規なものを生み出そうとする | 音の発生と物の振動に関するイメージを創り出し，表現する. |
| | 分析をしながら振り返る | 音が発生するのは物が振動するためであると考える. |

　「能動的な関わりをもつこと」と「新規なものを生み出そうとすること」との重なり合いに呼応するように，「分析をしながら振り返ること」も促進され，物の振動と音の発生と伝播の関係を探究するという学習状況が明確になりました．授業者は子どもと共に板書を作り上げていくことを大事にしていました．子どもの考えの可視化を促す板書が，探究活動を支える思考群の融合を促進していきました．

　表5.2に示すように，思考の融合を促進したことで，「私の声は振動で相手に届いていると思います．」という，問題解決に向けた見通しをもった，子どもの発言が促されました．自分で目標を設定して行動する能力としてのエージェンシーとしての学習者の現れです．この発言についてクラス全体が同意を示すと，授業者は，「ここ（図5.6）にある図はそれぞれだけど，みんな同じことが言えるね」と発話してクラス全体での共有を図り，探究活動を支える思考群の融合の促進をさらに図っていきました．

　ここまでの議論を踏まえて，探究活動を支える思考群とそれらの融合を，エージェンシーの育成の視点から整理します．理科授業における探究活動を支える思考群は，次のように述べることができます．

　「能動的な関わりもつこと」は，多様な考えを互いに尊重し，認め合う活動として，考えや知識を作り出すプロセスの価値付けを促進します．さらに，この活動は相互理解を促進します．つまり，「能動的な関わりをもつこと」により，「自らの目標達成に向けて計画を立てる」というエージェンシーとしての能力と関連して，問題解決における相互承認，合意形成が図られていきます．

　「新規なものを生み出そうとすること」は，考えや知識を作り出す源となる

活動です．これは，「結果を予測する」というエージェンシーとしての能力であり，自然事象に関わる子どものイメージの表出において重要な役割を担います．

「分析をしながら振り返ること」は，根拠を明確にして解決の過程を振り返りながら，問題を解決するために必要な判断をしていく活動です．妥当性や客観性を確かめる活動と言えます．「問題解決のプロセスを振り返り，自己評価と相互評価を促し，自己修正を図りながら解決をしていく」というエージェンシーとしての能力を促進する活動です．

図5.4に示した「探究活動を支える思考の融合」は，子どもによる能動的な学習を実現します．「変化を起こすために，自分で目標を設定し，振り返り，責任をもって行動する能力」と規定されているエージェンシーとしての能力の育成への寄与は明確です．

「能動的な関わりをもつこと」を促す思考において顕著に見られる相互理解は共同体によってなされていきます．共同体を軸として，自らの考えを振り返り，修正することを促進していきます．これに伴い，「新規なものを生み出すこと」，「分析をしながら振り返ること」も深化していきます．「探究活動を支える思考の融合」により，共同体を軸とした「共同エージェンシー」の形成がなされていき，学習環境のデザインの主要目標であるエージェンシーの育成を実現します．

## 5.4　学習環境のデザインによるエージェンシーの育成について考える

5.1〜5.3において，学習環境のデザインによるエージェンシーの育成について考えてきました．こうした内容について，もう少し具体的に吟味してみたいと思います．対談は，5章の執筆者野原博人と本書の執筆者の一人である渡辺理文で行いました．

## エージェンシーの育成

渡辺：この章では「エージェンシー」という新しいことばが出てきました．
　　　5章では，認知的スキルと非認知的スキルの話がありましたが，エー
　　　ジェンシーの育成との関りについてお聞きしたいと思います．

野原：本書では，認知的スキルは，考えや知識を作り出していくという学習
　　　者を想定しています．そこに非認知的スキルがいかに関わってくるか
　　　ということも大切にしています．2章の**表2.1**に関わる非認知的スキ
　　　ルの種類，内容が非常に重要であると議論もしてきました．「学習指
　　　導要領」の3つの資質・能力にある「学びに向かう力，人間性の涵養」
　　　にある粘り強さ，自ら学習を調整するという側面は，エージェンシー
　　　の概念が影響を与えていると思います．エージェンシーの育成を意識
　　　して，認知的スキル，非認知的スキルの融合的な育成が，新しい学習
　　　指導要領でも求められていると考えられます．

渡辺：認知的スキルは目に見える学力として育成しやすいと思いますが，非
　　　認知的スキルに関わる学びに向かう力，人間性の涵養と関連させて
　　　エージェンシーを捉えていくということですよね．エージェンシーの
　　　育成を考えたときに，子どもが自己調整的に学習を進めている状態と
　　　の関連はありますか．

野原：はい，ここでは，自己調整学習との関連で捉え直していくことも必要
　　　だと思います．それに，責任を持って行動するという点も粘り強さと
　　　関連してくると思います．4章の渡辺先生との対談でレジリエンスと
　　　いう話が出てきました．問題解決を進めていく上でうまく前に進めて
　　　いけないという状況はあります．そんな時は，責任を持って行動する，
　　　という意識が非常に重要になってくると思います．

　　　　それに，最後まで自分たちで問題を解決していくために学習を進め
　　　ていくこととも関連していると思います．プロセスを振り返ったり，
　　　繰り返したりして，粘り強く学習を進めていくことが，認知的スキル，
　　　非認知的スキルの育成において重要になりますし，教師は結論の導出
　　　までたどり着けるよう，学習者やその集団を育てていくことも必要だ

と考えています.

渡辺：責任を持って行動するっていうのはすごく大事なことですけど，それ
　　　ぞれの子どもが達成する状態って難しいし，子どもにとっては大変な
　　　事だと思います．教師の支援が必要なところですよね．「最後まで粘
　　　り強く」は「学習指導要領」のキーワードにもなっています．野原先
　　　生が小学校の教員をされていたとき，どのような支援をなされていた
　　　か，ちょっとお聞きしてもいいですか．

野原：そうですね，理科の授業では，問題解決を常に意識して授業を進めて
　　　いましたが，子どもが思うように予想を立てることができなかったり，
　　　実験の方法がうまく考えられなかったり，結果からどんな事が言える
　　　のかを考えるための根拠を見出すことができなかったり，どうしても
　　　結論まで遠くて滞った状態で問題解決が進んでいく，こうした展開は
　　　よくあると思うんですね．そういったときに，丁寧に子どもたちの学
　　　習状況をアセスメントしながら，子どもにとって何が必要なのか見極
　　　めながらしっかりと支援をしていくということが必要だと考えていま
　　　した．

　　　　何よりも，先生がまず諦めないっていうことが大事．子どもたちと
　　　一緒に最後まで問題解決を進めていく，追究していくっていう教師の
　　　姿勢が，非常に重要だと思っています．子どもの学習状況を捉えて，
　　　何がうまくいってないのか，しっかりと教師が見とり，必要な支援，
　　　指導をしっかりと施していくということだと思います．

渡辺：例えば，個人のエージェンシーを考えたとき，黙々と自分で実験をし
　　　て，黙々とデータを取って，自分で結論を見出すといった子どもの姿
　　　もあると思いますが，それはエージェンシーとしてはちょっと違う姿
　　　ではないかと．エージェンシーは共同エージェンシーの中で育つ，と
　　　本章で明確に書いてくださったのは，なるほどと思いました．

野原：自然事象に関する考えや知識を作り出していく，ことばでは簡単です
　　　けど非常に難しいプロセスですよね．そこにエージェンシー育成の視
　　　点を加えていくということは，子どもたちが考えや知識を作り出して

いくことを自覚していかなければいけない，ということを意味しています．

　そこでは一人ひとりの認知的な負荷も掛かってくるわけですが，互いに支え合うことによってエージェンシーとしての子どもが育っていけば，能動的な学習も実現するし，本書が目指している認知的スキルや非認知的スキルの融合的な学力の形成も実現されていくと思います．

渡辺：個の成長と集団の成長によって，共同体は作られていくのですね．ウェルビーイングの個人レベルと社会レベルが相互作用していくことがいい状態であって，学級の中でもそれが実現される，そういう状態はやっぱり理想であると考えて良いといういうことですよね．

野原：そうですね．ウェルビーイングの個人レベルと社会レベルの往還関係っていうもの，その関係性の中で共同体が成立していくのであれば，エージェンシーは共同エージェンシーの中で育つと考えていいと思います．

## 共同体を軸とした学習環境のデザイン

渡辺：学習環境のデザインでは，共同体を軸としていることがキーワードとして挙げられています．日本の教室だと，みんなで何かをするという文化があるので共同体は作りやすいかなと考えています．これからは共同体の質を上げるということを教師は目指していかなきゃいけないと思います．その共同体を構築するときに教師が大事にしなきゃいけない事はなんでしょうか．

野原：共同体を軸にした学習環境をデザインは，図5.3のハードな側面，ソフトな側面という視点やブランスフォードの 4 つの視点もあり，その 4 つの視点で学習環境のデザインというものがソフトの側面を充実させていくし，それを包括しているのは共同体の軸でもある．その共同体をどのように構築していけばいいかという視点は何か，それはもう対話を授業でどのようにデザインしていくかということに尽きると思っています．対話を通して考えや知識を自分たちで作り上げていく

という学習風土を集団として形成していく．さらに，ホワイトモデルに基づいた考えや知識を作り出していく過程とその価値や意味を，教師は子どもたちに伝えていく必要もあると思うんですよね．

　具体的には，子どもが学習の中でどのように表現していいのか分からない，どうやって考えていったら分からない，そこに教師が足場づくりというものを1つの視点として，ホワイトモデルを念頭に置いた対話的な授業デザインを進めていく．

　対話を軸とした授業デザインには，構成主義という考え方を映し出しているエージェンシーの概念が描く学習者としての子どもの姿があります．先生と子どもたちが共に意味を構築していくという学習環境であれば，効果的なフィードバックが実現できる関係性も作られる．こういった学習環境のデザインをしっかりと踏まえた上で，共同体というものをいかに作っていくかということを考えることが，非常に重要なポイントになると思います．

渡辺：共同体をこう作ればいいだけじゃなくて，子どもが知識を作っていく環境，教師がフィードバックを与えるという環境，それが共同体を支えていくっていうようなイメージっていうことですよね．

野原：そうですね．

渡辺：僕が関わっているクラスの話なんですけど，授業中，いろんな子たちが自分の意見を言って，まとまっているようには見えるんですけど，個人で見たときに他の子の考えを参考にできていなかったり，考えがあまりつながっていなかったり．つながっているように見えるんですけど，実はつながっていない状態だったというときがありました．その先生は「理科の達人ノート（図5.7）(2)」というのを作って，「他の子の考えを参考にしてもいいんだよ」，「ノートに参考になった子の意見を書いてもいいんだよ」と子どもたちに伝え始めると，子どもたちはしっかり書けるようになって，「何々君の考えのここがよかったと思います」などを書き出しました．次の時間に教師が「何々君の考えにここイイねがたくさん付いていたよ」と紹介することを通して，共同体が

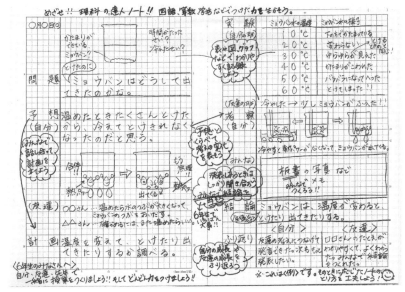

図5.7　「理科の達人ノート」

育っていくっていうのを見せていただいた経験があります．

　野原先生が「共同体を作っていくときも足場作りが必要だよ，それを明確に子どもに伝えなきゃいけないよ」と話していましたが，一歩一歩，子どもに共同体の価値を伝えていくというのがすごく大事なんだ，と考えさせられました．

野原：本当にそう思います．そういう場面はやはり対話が鍵になる．何かを作り上げていくというのは対話的な学習を意味していて，先生が子どもたちの良さをどんどん引き出してあげて，それを伝えていくことは，共同体を作っていく上では重要なポイントになりますね．

## 探究活動を支える思考群の実際

渡辺：図5.4の「探究活動を支える思考群」について，1つずつお聞きしたいと思います．まず，「能動的な関りを持つこと」ですが，理科の授業で考えると，子どもは能動的に関わる対象はたくさんあると思いま

　　　す．例えば，友だちであったり，教師であったり，理科で言えば自然
　　　事象や資料など．ここで想定されている，関わる対象には何があります
　　　でしょうか．

野原：理科授業では，目の前にある自然事象に能動的に関わっていくことは
　　　とても重要です．「能動的な関りを持つこと」とは，授業に関わるす
　　　べてのヒト，モノ，コトとの関わりをいかにしていくかということを
　　　踏まえた，思考群の１つだと考えています．

　　　　　本書の事例では音の学習を取り上げています．音の発生と物の振動
　　　の関係付けについて思考が促進されていったのは，子どもたちと授業
　　　者が糸電話での会話という体験を通した気付き，その事実というもの
　　　の共有を図っていく中でなされていきました．糸電話での会話を対象
　　　とした能動的な関りもあれば，子どもが気付いた事，クラスみんなが
　　　気付いた事というものを共有していく中で，その気付きを大事にして
　　　いく．それは人の気付きに対して能動的に関わっていくっていう意味
　　　でもあると思います．さまざまに能動的に関わっていくことで，問題
　　　意識というものも明確になっていくし，問題解決も促進されていくと
　　　考えています．

渡辺：音の発生と物の振動とを関係付けた学習問題を作り上げていく場面の
　　　様子は，まさに野原先生が今おっしゃってくれたように，子どもが糸
　　　電話にしっかり触れて，対象と関わって気付いた事の交流がなされて
　　　います．そこで対象との関わりが見られたかなと思うのと，子どもの
　　　発言には，前の子どもの意見を受けて次に意見を言う子どもがそこに
　　　重なるように，プラスで内容が加わるように，子どもたちが話してい
　　　ると思います．こういう事の連続が共同体がうまく回っている状態で，
　　　子どもたち同士が能動的な関係性を保っている状態だと思いました．

野原：そうですよね．前の子の発話を重ねるのが多いのは，子どもたち同士
　　　が共感しているからだと思うんですよ．いわゆる共感的な理解，これ
　　　も非常に重要なポイントになってくると思います．音の発生と物の振
　　　動とを関係付けた学習問題を作り上げていく場面は具体的な体験から

だんだん抽象的になっていく対話的な場面で，音の伝わる状況を**図5.5**のように先生が図で表して，音の発生と振動についてのイメージを子どもたちの表現から引き出していきながら，みんなでどんな事を考えていけばいいのか，焦点化していく場面です．イメージを引き出していくことは，この事例の授業者の先生もこの場面では難しさを感じながら授業されていたようなんですが，私はこの授業を見ているとき，子どもたちが自由にイメージを表現している場面が多くて，子どもたちの能動的な学習場面がそこにはあったのではないかと考えていました．

　その時の授業で印象に残っているのは，先ほども話しましたが，子どもたちはとても共感的なんですよね．自分の話を聞いてくれてありがとう，話をしてくれてありがとう，自分の考えを確かめることができたよとか，新しい視点に気付かせてくれてありがとうって，そういう子どもたちの互いに支え合う姿勢がすごく見えて，授業者は能動的な関りを持つことを大切にして共同体を構築していました．

渡辺：何かそのお話を聞いていると，子どもたちは教室の中が居心地が良さそうな気がするというか，粟生先生も子どもたちの考えや表現をちゃんと価値付けていて，受け止めていて，友だちの意見があってよかったみたいなことを感じさせる，何かその居心地の良さが共同体にとって大事かなと感じました．

野原：本当そうですね．

渡辺：**図5.4**の「新規なものを生み出そうとする」，この「新規なもの」ということばだけ見ると，学習内容の知識，実際挙げられている事例であれば，音が伝わるとき糸は震えているっていうこと，学習内容の理解っていうふうに捉えがちになりますが，そういうことではなくて，もっと複合した概念みたいなことで考えて良いのでしょうか．

野原：そうですね．ここはもうホワイトモデルとの関連です．音の発生の予想場面を本書では事例として挙げているんですけど，イメージを引き出すことによってより深い理解が促されていくんだっていう粟生先生

の信念もあったと思うんですよね．子どもたちと能動的に関わりを持つことを大切にしながら新規なものを生み出そうとするという，思考の重なりによって子どもたちの表現が引き出していくことができたので，さらに思考も深まっていったと思います．

　ここでは，何か新しいもの，目新しいものを作り出すというような事ではなくて，そのとき持っている子どもたちの考えやイメージ，ホワイトモデルに示されているものを引き出して，今，目の前で起きている事からどんな事が言えるのか説明する，それが新規なものを生み出そうとする姿だと思います．自分たちの目の前にある事，目の前に起きている事についてどんな説明ができるのか，と読み替えてもいいのかなと思います．

渡辺：僕の想像なんですけど，この子たち，例えば，ことばだけでまとめるというか，「あっ，糸って震えているんだね」というような実験した後にまとめて，それだけだったらすごく不満を持つような気がして．どういうふうに震えているか知りたい，どういうふうに音が伝わっているのか調べたい，自分で表現したい，と探究のレベルが高くなっている子どもたちだと思うのですが，実際の様子いかがでしたか．

野原：もう本当に自分の考えを言いたくて言いたくて，だったんですよね．**図5.6**の黒板には，波線の大きさだったり，間隔の狭さだったり，色も黄色にしてたり白にしてたりが書かれていますが，これは授業者が何も言わないでも，順番に子どもが黒板の前に出てきて，どんどん自分たちで黒板に書いていくという状況だったんですよね．子どもたちは表現したい，人がどんな表現や考えをしているのか知りたいと，その姿勢が非常に強く出ていました．渡辺先生がおっしゃっていたような状況がまさにこのクラス，粟生先生の授業の中にありました．

渡辺：最後に，**図5.4**の「分析をしながら振り返る」ですが，僕は評価を専門としているので，振り返りはすごく気になるワードでして，子どもたちが振り返るというのは，評価するための規準が必要だと考えています．子どもが振り返りをするときの規準について，野原先生にお考

えがあれば教えていただきたいと思うんですけれども．

野原：そうですね，子どもたちとその評価規準を共有していくことも大事ですよね．その評価規準を先生が理解していることも大事だと思います．例えば，音の学習で，糸電話が音を伝える，伝わらない状態を，しっかりと子どもたちに捉えさせた上で，子どもが持っている考え，知識，生活経験，そういうことから，自分の考えや表現を振り返ることができるようにする授業展開は必要だと思います．そして，友だちの考えや表現も取り入れた上で，自分で説明しきれるようにする，でなければ，粟生先生の実践のような子どもの表現というのは，なかなか引き出せないんじゃないかと思っています．

渡辺：この場面の子どもたち，すごく目的意識を持っているようで，例えば，**図5.6**だと，なぜ糸電話の音が聞こえるのかっていう目的意識を持っていて，それに対して「説明しきる」，自分はちゃんとイメージを表現できたのか，友だちの意見も聞いて自分の考えに自信を持てたのかといった規準を子どもたちも持っていて．口では出さないと思うんですけど心の中にあって，それを元に最後，結局どうだったかというような振り返りを書けるような状態だったのではないかと感じています．

野原：そうですね．自己評価と相互評価は粟生先生が意識的に子どもたちに働きかけていました．メタ認知というものは常に駆動させることを意識しながら授業を進めていましたし，そう考えると，振り返りと言うのは，メタ認知に尽きるのかなと思います．

渡辺：粟生先生のクラスの子どもたちが目的意識を持って，責任を持ってやっているっていう状態がよくわかる事例だと思います．まさにエージェンシーの育成であって，それが粟生先生も含めた共同体の中で育っているということなんですね．

註
（1）　石川県能見市立粟生小学校教諭　粟生義紀氏の2019年度の実践．
（2）　お茶の水女子大学附属小学校教諭　杉野さち子氏の2020年度の実践（前所属の札幌

市立円山小学校での実践）.

## 引用文献

Bransford, J. D., Brown, A. L. & Cocking, R. R.（2000）*How people learn*（*Vol.11*）. Washington, D. C., National academy press, 131-154, 279-280.

久保田賢一（2000）『構成主義パラダイムと学習環境デザイン』, 関西大学出版会, 65.

Lipman, L.（2003）*Thinking in Education, second edition*. Cambrigde University Press, 83, 199-201, 211-212, 262-263, 254-255.

森本信也（2013）『考える力が身につく対話的な理科授業』, 東洋館出版社, 95-124.

―――（2017）「子どもはいかにアクティブに学ぶか」『アクティブに学ぶ子どもを育む理科授業』, 学校図書, 9.

OECD（2017）*PISA 2015 Results*（*VolumeⅢ*）*: Students'Well-Being'*, Retrieve from https://www.oecd.org/pisa/PISA-2015-Results-Students-Well-being-Volume-III-Overview.pdf.（2021年3月28日閲覧）.

―――（2018a）*The future of education and skills Education 2030*, Retrieve from https://www.oecd.org/education/2030/E2030%20Position%20Paper%20(05.04.2018).pdf （2021年3月28日閲覧）.

―――（2018b）*OECD Future of Education and Skills 2030 Conceputual lerning framework STUDENT AGENCY FOR 2030*, Retrieve from http://www.oecd.org/education/2030-project/teaching-and-learning/learning/student-agency/Student_Agency_for_2030_concept_note.pdf.（2021年3月28日閲覧）.

―――（2019）*OECD Learning Compass Concept Notes*, Retrieve from http://www.oecd.org/education/2030-project/teaching-and-learning/learning/learning-compass-2030/OECD_Learning_Compass_2030_concept_note.pdf.（2021年3月28日閲覧）.

Rychen, D. S.（2016）*Education 2030 Conceptual Framework : key Conpetencies for 2030 (DeSeCo2.0)*, Retrieve from https://www.oecd.org/education/2030/E2030-CONCEPTUAL-FRAMEWORK-KEY-COMPETENCIES-FOR-2030.pdf.（2021年3月28日閲覧）.

白井俊（2020）『OECD Education 2030プロジェクトが描く教育に未来――エージェンシー, 資質・能力とカリキュラム』, ミネルヴァ書房, 62, 73.

（野原博人）

# 第6章 対話的な学習を実現する 理科における教授・学習活動

## 6.1 社会的相互作用を基軸とした対話的な学習

OECD（経済協力開発機構，Organization for Economic Co-operation and Development）による PISA 2015では，「協同問題解決能力」の調査が実施されました．OECD は，この調査における「協同問題解決能力」について，次のように定義しています．「協同問題解決能力とは，複数人が，解決に迫るために必要な理解と労力を共有し，解決に至るために必要な知識・スキル・労力を出し合うことによって問題解決しようと試みるプロセスに効果的に取り組むことができる個人の能力である．」（国立教育政策研究所, 2017）．

この定義の意味をより明確にするための説明の中に，「協同問題解決に関係する認知プロセスは，個人の内的プロセスであるものの，課題や他者との相互作用を通じて表面に現れてくるもの」とあります．PISA 2015が示した「協同問題解決能力」は個人の能力として示されましたが，この能力を集団内で発揮することが重要であることへの指摘です．

また，PISA 2015では，「協同問題解決能力」の育成は，多様な能力や知識を有している学習者間の相互作用によって実現すると説明しています．子どもが教師や仲間たちとの問題解決を通して，自らの学びを振り返り，学ぶことへの自らの責任感を高め，考えや知識を作り出していく過程を重視することへの指摘です．5章で議論したエージェンシーの定義と同様に捉えられます．

PISA 2015が示した「協同問題解決能力」の育成を具現化していく学習の典

型的な表れ，それは対話的な学習です．対話とは，子ども同士，あるいは子どもと教師が互いに考えを価値付け，追究することを通して，1つのコンセンサスを捉えていこうとする活動です（森本，2013：52-115）．

　対話的な学習は周囲との相互作用によりなされていくと捉えられます．人と人が関わりを持ち合う，社会的な相互作用の中から学習が生じていきます．ヴィゴツキーは，人の発達を社会文化的な関わりから捉え，「発達の最近接領域（Zone of Proximal Development）」という考えを提唱しました．「自主的活動において可能な問題解決の水準」と「大人の指導や援助のもとで可能な問題解決の水準」との間の『くい違い』が子どもの「発達の最近接領域」を規定します．

　「発達の最近接領域」は，教育的な働きかけという社会的な活動によって子どもの発達水準を引き上げるというだけでなく，周囲からの働きかけから子ども自身がこの働きかけを自己のものとして獲得していくプロセスが同時に起きているということも想定しておく必要があります．

　例えば，ヴィゴツキーは，言語獲得と概念発達の関係について，子どもの外にある言語体系が機械的に移入されたからといって，ただちに概念が作られていくわけではないと述べています．人間の外にあるものを人間の内へと自己の能力として取り込む「内化（internalization）」，つまり自分なりの意味付けにより，言語獲得や概念発達がなされていくと指摘しています．

　対話を通した互いの考えや知識の共有は，「発達の最近接領域」を刺激します．そこでは，「発達の最近接領域」の2つの水準の間の『くい違い』として示される子どもの学習状況が明らかになり，認知的スキル，非認知的スキルの育成の方向性が定まっていきます．こうした「発達の最近接領域」を駆動させるのは，社会的な相互作用を基軸とした対話的な学習です．つまり，認知的スキル，非認知的スキルの育成は，子ども一人ひとりが考えを披瀝し，互いの考えを必要に応じて取り入れながら，考えを深めようとする対話的な学習の実現によりなされていくのです（森本，2020：64）．

## 6.2　対話的な教授・学習活動を促進する具体的な要素とその具現化

　対話的な学習の実現は，社会的な相互作用を基軸とした授業のデザインによりなされていきます．こうした授業をデザインする視点として，アレクサンダーによる「対話的教授 (dialogic teaching)」は有用です (Alexander, 2005：6)．アレクサンダーは，対話が学習者の参加や学習への影響について分析し，「対話的な教授に必要な 5 つの原理」として示しました．それぞれの原理について整理したものを**表6.1**に示します．

　アレクサンダーは，教室における対話は学習に不可欠な原理であると捉え，こうした学習を進めるルールを学級で共有できるよう，教師の意図的な指導が必要であることを指摘しています．

　**表6.1**に示す相互作用を念頭に置いた対話的な教授に必要な 5 つの原理に基づく授業の実現について，アレクサンダーは，以下の（1）〜（3）の要素が必要とされる方略であることを示しています．

### 表6.1　対話的な教授に必要な 5 つの原理

| 協働的 | 教師と子どもは共に学習課題を解決するために，グループもしくはクラスとして活動する． |
|---|---|
| 相互支援的 | 教師と子どもが考え方を共有し，代替となる視点を検討していく．良い授業を行うために，教師には子どもの話に耳を傾ける姿勢や忍耐強さ，寛容さ，理解力が必要とされる． |
| 支持的 | 支持的な対話を行うことのできる学級とは，子どもにとって，自由な表現ができる教室環境である．それは，子どもが失敗すること，恥ずかしい思いをすること，そして否定的なフィードバックを受けることに恐れない学級の雰囲気を創ることである．そうした環境は，子どもが自分の考えを自由に明確に述べられるように勇気付けていく． |
| 蓄積的 | 教師と子どもは，一貫した思考の方向を形成するために，彼ら自身や互いの考えを構築する．望ましい成果に到達するまで教師と子どもが互いの考えを共有し，互いの考えから学び，互いの考えを構築するためのすべての機会を取り上げる． |
| 目的的 | 教師と子どもの望む成果に対し，明確な焦点を当てた授業を計画する．そのためには，明確な学習の意図や具体的かつ教育的な目標を立てることが求められる． |

### （1）学習集団内での相互作用

表6.2は，教室内で授業を行う際の活動のサイズと相互作用の内実を示しています．一番大きな活動のサイズは「学級 — 学級全体への教授」です．これは，教師によって導かれる活動であり，子どもは教師あるいは子ども同士と集団的に関わっていくことを意味しています（野原・田代・森本, 2019）．

学級全体での活動より少ない人数で行う「グループ」での活動は，「集団的な活動への導入」と「協働的な活動」に分けて示されています．「集団的な活動への導入」は，教師によって導かれていく活動を示しています．また，グループごとの活動になるため，学級全体に対する教師の説明が必然的に少なくなります．

一方，「協働的な活動」は，教師によって設定された課題に対して，子どもは仲間と共に進めていく活動です．その際には，「集団的な活動への導入」という教師主導の活動から，教師は足場を外していきながら，子どもによる主体的な活動へと徐々に変化していきます．

最も小さな活動のサイズが「個人」です．「教師 — 子ども」と「子ども — 子ども」と，活動の中で子どもが関わる相手によって分けられています．「教師 — 子ども」は教師と子どもの一対一で関わり，「子ども — 子ども」は，子どもがペアで進めていく活動です．

学習集団内では，活動のサイズの大小だけでなく，教師主導の活動であるか，あるいは，子どもの主体的な活動なのかといったことで，活動における相互作用は変わってきます．教師は，表6.2に示した5つの活動サイズを適切に選択し，巧みに扱うことが求められます．さらに，設定した活動のサイズにおける

表6.2　学級集団内での相互作用

| 学級 | 学級へ全体への教授 | 教師によって導かれる.<br>子どもは教師や子ども同士と集団的に関わる. |
|---|---|---|
| グループ | 集団的な活動への導入 | 教師によって導かれる. |
| | 協働的な活動 | 教師が設定した課題の中で，子どもは仲間と共に活動する. |
| 個人 | 教師—子ども | 教師は個々に子どもと活動する. |
| | 子ども—子ども | 子ども同士がペアになり活動する. |

教師の効果的な介入は，対話的な学習の実現に向けた相互作用を促進していきます．

### （2）教授のための発話

表6.3は教授のための発話の種類を示しています．教師が授業内で行う発話を5種類に分類したものです．それぞれの発話について，詳しく説明していきます（野原・田代・森本, 2019）.

「記憶の再生」は，学習した知識や技能を常に同じ手順で繰り返すことで，それらに関する知識や技能を次に使用する時にできるようにしておくための発話です．例えば，教師が授業の導入などで「これ，知ってる？」，「これ，見たことある？」など，学習内容に関わる事象や既習内容に関わる資料などを提示しながら子どもに問いかけていく発話です．

「引用」は，教師が子どもの既習事項や既有の経験などの情報を引き出すことで，学習状況に対するフィードバックを行う発話です．例えば，「記憶の再生」による教師の発話に対して，子どもが「知っているよ」，「見たことある」という発話が返ってきた場合に，「どこで学習したの」，「いつ見たの」といったように，子どもの記憶にあるエピソードを深めていくフィードバックとしての発話です．

「指示／説明」は，子どもが行う活動に対し，具体的に何をするのか指示をしたり，どのように活動を進めていくのかを説明したりする発話です．例えば，実験で使用する器具の扱い方の説明や，実験中に観察する視点についての発話

表6.3　教授のための発話

| 記憶の再生 | 事実や知識，手順を反復する. |
|---|---|
| 引用 | 既有の経験や学習から情報を引き出す. |
| 指示／説明 | 子どもに何をするのか伝える. 情報を知らせる. |
| 議論 | 情報の共有と問題解決に向けた意見交換を促進する. |
| 対話 | （科学概念）という共通理解に到達するために，次のことをする. 多様な考えについて，学習集団で，1つの方向へ収斂させることを目指し，その関連性を吟味しながら，最終的に概念や理論への移行を図る. |

がこれにあたります.

　上述した3種類の発話は,教授の際に頻繁に行われるものですが,次に示す2種類の発話は授業内で意図すべき重要なものです.

　「議論」は,子どもが自由に意見を出し合うことを促す発話です.より多くの選択肢を示しながら,より妥当な考えへと到達する可能性を高めていくことが求められます.例えば,理科授業で予想を学級で共有し,いくつかの異なる考えを確認する場面があります.その際,それぞれの予想を検証するための実験の構想による問題意識を深めたり解決の見通しを立てたりすることを促す発話がこれにあたります.

　「対話」は,考えや知識を作り出していくことを通して,共通の理解へと達することを目指します.つまり,合意を伴う学級の知を構築していく発話です.話し合う視点の焦点化を図り,概念や法則への移行を促進していくことが求められます.理科授業では,観察,実験で得られた結果からわかったこととして表現される個人の考察を共有,検討していきながら,学級全員で納得した結論を導いていきます.これを問題解決における,相互承認,合意形成と言います.授業で意図すべき重要な発話である「議論」は話し合いの幅を広げる発話であり,「対話」は「議論」を深めていく発話であると言えます.対話的な教授・学習活動を促進する重要な発話です.

　アレクサンダーは,(1),(2)の関係性を**表6.4**のように示しました.「記憶の再生」の発話は学級全体への教授のみ適用可能であることに対し,「議論」,「対話」の発話は学級全体での活動から子ども同士のペアの活動まで,すべての活動において適用可能であることを指摘しました.さらに,アレクサンダーは,学級全体への教授の場面でも,「記憶の再生」,「引用」,「指示／説明」という発話のみにとらわれてはならないことを指摘しています(野原・田代・森本,2019).

## (3)学習のための発話

　**表6.5**は,子どもが授業内で用いる発話の種類を整理したものです.子どもが自覚的に用いる発話や習得が必要な表現なども含まれています.

表6.4　学習集団内での相互作用と教授のための発話の関連

|  | 記憶の再生 | 引用 | 指示・説明 | 議論 | 対話 |
|---|---|---|---|---|---|
| 学級全体への教授 | ○ | ○ | ○ | ○ | ○ |
| 集団的な活動への導入 |  | ○ | ○ | ○ | ○ |
| 協働的な活動 |  |  |  | ○ | ○ |
| 教師―子ども |  | ○ | ○ |  |  |
| 子ども―子ども |  |  |  | ○ | ○ |

　他者と協働して学ぶ際，自分の立場を明らかにするために，「自分の考えを述べる」ことが必要です．自分の立場が明確になれば，自分の考えと他者の考えとを比較することができるからです．他者との考えの比較を通して，子どもは自分の考えをより精緻化させ，自分の納得のいく，より良い表現へ高めていきたいという思いが生じます．子どもは他者の考えや表現を取り入れていく必要感も高まっていきます．

　妥当な結論を導出する場面では，互いに考えや表現を評価しながら吟味し，判断を下すという過程を経て，学級で合意を得た考えや知識を作り出していきます．子どもが対話的な学習を通して，合意形成を自覚的に進めていくことが重要です．

　子どもが，対話的な学習のゴールは問題解決の過程における「合意形成に至ること」であると意識することが必要です．このゴールの意識が無いと，自分の考えを主張するだけであったり，声の大きい者の意見ばかりが採用されたり，対話的な問題解決の意義を見出せない状況に陥ってしまいます．つまり，「新しい視点を受容する」ことや「自分が聞いたことについて考える」ことの習慣がなければ，教師による最後のまとめだけ確認すれば良いといった受動的な子どもが現れていくことになります．

　表6.5に示した学習のための発話に基づく，対話的な学習の促進に必要なことについて，アレクサンダーは次の2つが重要であると指摘しています．

　1つ目は，他者の考えを「聴く」姿勢です．対話的な学習において，「話し手」と共に「聞き手」を育てることは不可欠と言えます．良い「聞き手」の存在がいてこそ，「話し手」は自分の考えを他者に伝えたいという思いが募りま

表6.5　学習のための発話

| | | |
|---|---|---|
| 1 | （根拠を持って）語る | 自分の考えを述べる |
| 2 | 説明する | |
| 3 | 意見を述べる | |
| 4 | 質問の視点を変える | |
| 5 | 相手の考えを受け入れ，自分の考えを作る | 新しい視点を受容する |
| 6 | 議論したことを分析してまとめ，解決する | |
| 7 | 考察し，想像する | 自分が聞いたことについて考える |
| 8 | 振り返り，考えを評価する | |
| 9 | 意見を出し合う | |
| 10 | 議論し，理論を導き，判断する | |
| 11 | 合意形成のために話し合う | |

す．自分の考えを受容してもらえるという安心感は，他者の考えを取り入れていこうとする姿勢を大切にする学習風土の形成の上に成り立ちます．

　2つ目は，「考える時間をとる」ことです．**表6.4**を概観すると，大きく分けて3つの時間が存在しています．それは，子ども一人ひとりが自分の考えをもつ時間，考えを共有する時間，合意形成のために練り上げていく時間です．

　対話的な学習において必要なことは，自分の考えを作り上げていくことです．自分の考えを作り上げていくことが恒常的になされていれば，他者の考えを取り入れ，自分の考えを補完することは円滑に進みます．

　また，考えを共有する時間は，自分の考えを振り返ることを促します．自分の考えに固執することなく，予想や考察における多様な他者の考えや表現，実験，観察によって得られた結果などから，代替となる考えを受け入れたり，考えを更新したりすることが，この時間では求められます．

　合意形成のために考えを練り上げる時間は，対話的な学習のゴールに向けた大切な時間です．子ども同士が合意を得た考えや知識を作り出していく過程，つまり，認知的スキルと非認知的スキルの育成と融合を図る上で重要な時間となります．

## （4）対話的な理科授業の具現化

　アレクサンダーが示した「対話的教授」を理科授業において機能させた事例として，小学校第6学年「人の体のつくりと働き」におけるヒトの呼吸の概念を構築していく場面を取り上げます．概念構築において最も重要な場面である，予想の共有，考察から結論を導く場面を取り上げて説明します[(1)]．

### 【予想の共有から見通しをもつ場面】

　T1：きれいな空気と汚れた空気って言っているけどみんなどう思う？（目
　　　　的の明確化）

　C1：みんなが言っている二酸化炭素．（議論したことを分析）

　T2：二酸化炭素．吐く息は，みんな二酸化炭素だと思っているのね．（相
　　　　互支援を促す）

　C2：でもあまったもの．（意見を述べる）

　C3：あまったものはみんな二酸化炭素．（受け入れ，考えを作る）

　T3：全部二酸化炭素なの？（学習の蓄積を図る）

　C複数：そういうことではない．（振り返り，考えを評価する）

　C4：ちょっとくらい酸素も余っているかもしれないし．（意見を述べる）

　T4：吐く息は二酸化炭素だけではない．（協働的な学習を促す）

　C5：窒素とか．（質問の視点を変える）

　C6：窒素って何？（意見を出し合う）

　T5：だよね，窒素って何って話だよね．（支持的な学習を促す）

（Cは子どもの発言で番号は発言の順序，Tは教師の発言で番号は発言の順序）

　T1では，呼気と吸気における空気の質の違いを視点として問題意識を確かめる発話をしました．問題意識の焦点化を図る目的的な発話です．

　T1の発話を受けて，C1では，呼気と吸気の気体成分の違いについて議論をしてきたことから，二酸化炭素の割合が関係していると分析して発話しました．

　C1の二酸化炭素が違いの原因であるという考えに基づく発話に対して，T2ではC1の発話を反復しながら呼気には二酸化炭素が含まれているという考

えで予想を立てていることを確認しました．Ｃ１の発話の考え方に寄り添う姿勢を促す相互支援的な発話です．

Ｃ２では，吐いた息に含まれる二酸化炭素は不要なものであるという意見を述べました．Ｃ３は，Ｃ２の発話を受け入れて，二酸化炭素の割合についての考えを発話しました．

この発話を受けて，Ｔ３では，呼気における二酸化炭素の割合について言及しました．呼吸による気体の質的変化の割合に視点を当てたことで，次の思考へ引き上げました．学習の蓄積を図る発話です．

Ｔ３の発話に続き，「そういうことではない」という複数の子どもの発話を受けて，Ｃ４は，酸素も含まれているかもしれないと発話し，多様な考えを受容する姿勢を示しました．Ｃ４の発話を価値付けるようにして，Ｔ４では，呼気に含まれている気体は二酸化炭素だけではないというＣ４の考えを全体で確認しました．クラス全体に考えの相互承認を促す協働的な発話です．

Ｃ５の発話により，窒素の存在や働きは呼吸に関係しているのかという問いが示されました．Ｃ６はＣ５が示した視点について，意見を出し合う契機を作る発話をしました．これを受けて，Ｔ５では，Ｃ５の発話に対して共感的な態度を示しながら，多様な考えを受容する学習風土の形成を図りました．支持的な発話です．

この授業場面では，「対話的な教授に必要な５つの原理」を意図した教師の発話によって，子どもが安心して考えを表現できる自由な学習風土を形成しました．自由な学習風土の形成は，話し合いの幅を広げる「議論」を軸としてなされていきました．対話的な学習を実現していく上で必要な学習環境の創造です．

次に，結果に基づく考察から結論を導く場面を取り上げます．

### 【考察から結論を導出する場面】

Ｔ１：吸う前の空気と吸って出した空気にはどのような違いがあるのだろうか．これに対する結論はなんて言う？　どうしようか．

　　　（協働的な学習を促す，目的の明確化）

Ｃ１：吐いた後の酸素が吸う前より少なくて，二酸化炭素が多い．（（根拠を
　　　持って）語る）

Ｔ２：ていうことだよね．その理由まで考えられたね．その考えられた理由
　　　は，どうやって考えればいいかな？（学習の蓄積を図る）

Ｃ２：吸う前の空気より，吸って出した空気のほうが酸素が少なくて二酸化
　　　炭素が多い．（根拠を持って語る）

Ｔ３：吸う前より吐いた後の酸素が少なくて，二酸化炭素が多い．問題に対
　　　する結論はこれで十分ですか．Ｃ３さん．（協働的な学習を促す，相互支
　　　援を促す）

Ｃ３：酸素が少なくて二酸化炭素が多いっていうのは，ことば的には二酸化
　　　炭素の方が多いってなっちゃう．酸素は元々，二酸化炭素より多くて，
　　　吐いた空気の二酸化炭素は酸素の一部が使われて，何％かが二酸化炭
　　　素に変わる．（議論したことを分析してまとめる）

Ｔ４：そしたらちょっと変えようか．酸素が？（支持的な学習を促す，学習の蓄
　　　積を促す）

Ｃ４：酸素の一部が二酸化炭素になって，使わなかった酸素と吸ったときに
　　　あった二酸化炭素が．（考察し，想像する）

Ｔ５：みんなで発表したことをまとめていけば結論になるんじゃないかな．
　　　（支持的な学習を促す，学習の蓄積を促す）

Ｃ５：吸う前の空気が，酸素の一部が二酸化炭素となってそれが吐いた後の
　　　空気になる．（意見を出し合う）

Ｔ６：空気の？（相互支援を促す，学習の蓄積を図る）

Ｃ６：二酸化炭素になって，他のものと一緒に．吸う前の空気よりかは，吐
　　　いた後の空気の方が二酸化炭素が多く酸素が少なくなっている．（議
　　　論し，理論を導き，判断する）

Ｔ７：多くなって，ってことだよね．（相互支援を促す）
　　　吸う前の空気より吐いた後の空気は．（学習の蓄積を図る，目的の明確化，
　　　協働的な学習を促す）

Ｃ８：酸素の一部が使われて，二酸化炭素に変わる．

（Ｃは子どもの発言で番号は発言の順序，Ｔは教師の発言で番号は発言の順序）

　Ｔ１では，学習問題に正対する結論の導出を求めました．目的的な発話です．問題解決に向けた合意形成を意図した，協働的，目的的な発話によって，合意形成のための考えを練り上げる時間を作りました．

　Ｃ１では，実験結果を根拠として，吸気と呼気の気体の質的変化について発話しました．Ｃ１の発話を受けて，Ｔ２では，呼気と吸気の成分についてという比較の視点を明確にする発話をしました．さらに，結論について考えていく足場作りによる思考の促進も図りました．吸気と呼気の違いについて焦点を図っていくための蓄積的な発話です．

　Ｃ２の発話はＣ１の考えと同様であると判断したＴ３の発話によって，Ｃ１，Ｃ２の考えの承認をＣ３に促しました．相互支援的かつ協働的な発話です．

　Ｃ３は，ここまで議論してきたことの分析から，酸素が少なくて，二酸化炭素が多いという表現では，誤解が生じる可能性があることを指摘しました．Ｔ４はＣ３の発話を受け，表現の再検討を全体に対して促しました．Ｔ４の蓄積的かつ支持的な発話により，子どもが異議を唱えた際にも柔軟に対応し，考えを作り出していく機会を作り出しました．

　Ｔ４の発話では考えや表現の修正を促しました．Ｃ４ではＣ３の考えや表現を活かして，「酸素の一部が二酸化炭素になって」ということばを用いて説明しようと試みました．さらに，「使わなかった酸素と吸ったときにあった二酸化炭素」というように，呼気は，肺で使用されなかった酸素に加え，酸素の一部が変化した二酸化炭素と吸気に含まれていた二酸化炭素が排出されるという考えを発話しました．新しい視点を取り入れながら，考えを作り出していく発話です．

　Ｔ５の蓄積的かつ支持的な発話を受けて，Ｃ５，Ｃ６では自らの考えを評価しながら，吸気の酸素の一部が二酸化炭素に変化し，それと他の気体と共に呼気として排出されるという考えを説明しました．Ｃ６では，Ｃ３の考えを活かしながら，吸気より呼気の方が二酸化炭素は多くなり，酸素は少し減っていると，呼気と吸気における酸素と二酸化炭素の割合の変化についても説明しまし

た．

T 7 では，C 6 の発話をクラスで共有し，C 6 の発話を復唱しました．C 7 はT 7 の発話に続いてまとめの発話をしました．問題解決のゴールを決めるT 7 の目的的な発話によって，C 6，C 7 の呼吸概念の構築が図られたことに合意を示した発話を促しました．

この授業場面では，呼吸概念の構築に向けて，多様な考えや表現を 1 つの方向へ収斂させることを目指しています．また，それぞれの関連性を吟味しながら，概念の構築に向けた合意形成や相互承認への移行を図りました．

対話的な学習を進めるための教授の視点が示されました．教授の 5 つの原理に基づく教師の発話により，予想や考察といった考えを深める場面における呼吸概念の構築に向けた，子どもの学習のための発話が促されていったのです．

## 6.3 対話的な学習を実現する理科における教授・学習過程を考える

6.1～6.3において，対話的な学習を実現する理科における教授 ― 学習活動を進めるための条件について考えてきました．対話的な学習を実現させる教授 ― 学習過程の意味について，さらに詳しく考えていきます．対談は，6 章の執筆者野原博人と本書の編著者である森本信也で行いました．

森本：6 章では対話的な理科学習ということをテーマにして論じられました．対話的な学習というのは学習指導要領の最も大きなテーマになっているので，それについてはいろんな所で論じられていますが，もう少し実践と関連させて話を深めてみたいなと思います．対話することはそれ自体目的じゃない．その中で，理科だったら子どもが科学概念を仲間と一緒に作っていける．それが一番のメイン．この目的から外れると，ただ，話し合いすることが目的あるいは手段になってしまう．対話の本当の意味になっていないと思うんですよ．対話するときに子ども達がちゃんと自分の考えを出して，お互いに本音をぶつけ合って，

それでみんなが納得できるような考え方を作っていく，それが一番大事だと思うんですよ．

　デューイが『学校と社会』の中で，こういうことばを言っているんですよね．そのとおりだと思う．短いことばなんですけどね．ここからちょっと始めて，野原さんに色々と聞きたいと思っています．学校の目的について彼が言っているんです．「子どもは精神を家に置いてくる」．精神というのは自分でね，子どもなりにいろいろ考えている，そういう事を家に置いてきちゃうんだと．「子どもは学校においてはその精神を用いる途がないんだ」と．つまり，子どもは子どもなりに考えているんだけど，学校ではそれが生かされていない．それは駄目なんじゃないのと．やっぱり子どもの視点で物事を考えてカリキュラムを考えなきゃいけない．有名な『学校と社会』(デューイ，1998) という著書の中での指摘です．子どもがちゃんと本音でしゃべることができる，そういったところがあると，対話をするっていうことが非常に大きな意味を持つと思いますが，どう思いますか．

野原：デューイの学校の目的を踏まえて考えると，対話によって子どもの本音を引き出すことはとても大切だと思います．では，どうやって本音が引き出せるか，周りの友だち，そこをつなぎながら学習を導いていくことのできる先生，そういう人との関わりの中で，子どもの本音というものは引き出されていくのだと思います．

　そうした本音に基づき，理科授業の目標である科学概念の構築をいかに授業の中で実現していくか．これを，本章では対話の中に位置付けています．

森本：どういう働きかけで，どういう段階を踏めば，科学的なものの考え方を子どもたちに獲得させることができるか．そういうステップをアレクサンダーの指摘を踏まえて論じられていますね．アレクサンダーが示した5つの原理の中で一番重点化しなきゃいけないのは，野原さんはどう捉えていますかね．

野原：先ほどのデューイの話での子どもの視点をいかに大事にしていくかと

いう意味では，バランス良く5つの原理をしっかりと機能させていくことが大事ですが，階層はあると考えていて，子どもの本音を引き出す上で必要なのは協働的な原理，この原理からしっかりと対話の土台を作り上げていくことが，まず何よりも大事だと思います.

森本：子どもが相互作用しながら，お互いにね，アイデア出しながら考えを作っていくというのはどこでも言われるんですけど，子ども自身が自分で自覚して知識が積み重なっている，あるいは考えが深まっている，そういうことが自覚されていかないと，対話の目的も達成されない.あるいはそういう学習の仕方の有用性を子どもが認識していかないといけないと思うんです. 子どもは学習が確かに積み上がってきているんだというのは，どういうところで実感するんですかね.

野原：やはり理科の授業でいうと，問題解決の過程を踏んでいきながら，自分たちが考えや知識を作り出していく過程にあるのかなと思います.例えば，本章では呼吸の概念構築を授業事例として挙げています. 呼吸をするということは，自明とまでは言いませんが，人が生きていく上で必要な事で，子ども自身もそれを毎日経験しながら生活しているわけです. 呼吸について6年生の学習内容として示されていますが，吸う・吐くというのはいつも自分が行っている事です. 空気を吸ったり吐いたりするっていうことは，人にとってどういう意味があるのかということを考えるとき，子どもたちはいつも行っている自分の行動を振り返りながら，それにはどんな意味があるのかっていうことを考えるという問題解決が始まります.

森本：なるほど. その事例からね，読み取ったところで大事だなと思うのは階層，蓄積です. 理科の授業で言えば，概念の階層とか. 例えば，息を吸う，吐く. これはやるわけよね，子どもたち. それは何も概念を知らなくても動物だから息をしないと死んじゃうし，ということで. 吸う，吐く. じゃあ何を？　空気. で，空気ってなあに？　酸素がある. 酸素だけ？　二酸化炭素もある. じゃあ，酸素，エネルギーとかね，二酸化炭素，要らないというかね，だんだんその学習が階層化っ

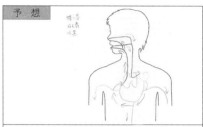
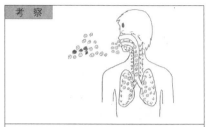

**予想**

**記述内容**
吸った空気の中で，いるものは使い，いらないものを出しているのだと思います．あと，吐いた空気は吸った空気より温度が高いと思います．

**口頭説明**
・吸った空気の中で，肺に取り込むと言っていたが，肺に取り込んでそのまま出すのは意味がないと思った．
・体の全体に送り込んでエネルギーとか使っているのではないか．
・身体を動かす時には，多く酸素が必要なのではないか．
・余ったり不要になったりしたものは，口や鼻から吐いているのではないか．

**考察**

**記述内容**
人の吸った空気は，肺の中でくるくる回って，そこで必要な分だけ酸素をエネルギーに変えて，二酸化炭素になる．そして，そのいらない二酸化炭素を外に出して，また酸素を取り込んで，同じようなことをやり続けているのではないかと考えた．

**口頭説明**
・吸気は肺の中でぐるぐる回り，そこで酸素をエネルギーに換えて二酸化炭素を変えてしまうのではないか．
・その同じ行動を繰り返して人間は生きているのではないか．

**図6.1　呼気と吸気の空気成分の違いについての記述**

ていうか，細かく細かく概念として分化されていくと思うんだね．

　野原さんの授業実践では，そういうところを子どもたちが深めているところが見えるわけです．これは何もこの授業だけじゃなくて，理科の授業の中で，子どもの学習として一番大事なところだと思うんですね．まさにブルーナが言ったエナクティブ（enactive）な，活動的な学習がシンボリック（symbolic），抽象化していくと，それは同じことで，結局対話するということは，あるいは対話を子どもたちにさせるっていうことは，そういうものを促進する．

野原：子どもの描画からお話しさせていただきたいと思います．これは本文で取り上げた予想と考察の授業場面の子どものパフォーマンスです．ここは，子どもたちが考えを持つ時間を作っていて，それについてみんなで話し合った後に，予想を確かめるためにどうしていけばいいのか，考察であれば，結果が分かったけど，みんなが言える事は何なのか，という場面でして，まさにこれは今，森本先生おっしゃっていた，

少しずつ階層的に考えを出していきながら，みんなで考えや知識を作り上げていくところで，酸素を取り入れて，二酸化炭素を出していく，酸素は人にとっても動物にとっても必要なもので，二酸化炭素は不要なものだ．だから吸う，吐くの中で酸素や二酸化炭素の割合が違っているんだ，という話をしていくという．

　ここに示した描画から，子どもたちが，自分たちで対話を通して，考えを精緻化しているというところもわかります．しかもこの描画を見ると，最初は息の，空気の移動だけを表しているだけなのですが，だんだん二酸化炭素と酸素という存在や役割というものをよりはっきりと意識して，子どもたちの考えの中で出来上がってくる．そうなると，吸う息と吐く息を色分けして粒にして，色が変化して赤色の酸素が肺の中で青色に変化して出ていくといった表現をするようになる．こうして，子どもは，自分たちの考えている事を表現して振り返りながら，それを自分たちが説明しやすいように変えていくと．こういう視点も，やっぱり積み重ねというか階層，学習はより階層的につらなってきた表れなのではないかなと思います．

　対話を通してこういった子どもの変容というものが見られたということだと思います．対話で子どもの本音を引き出していきながら，かつそれを授業者がアレクサンダーが示している視点でファシリテートをしているのだと．

森本：うん，うん．この「予想と考察」に書いてある子どもの描画なんかを見ると，本当に今の話，階層みたいになっていますね，単純にその肉体的な活動が考察の方ではガス交換，さらにはそれがエネルギー変換というね，体をこう動かすためのエネルギー源になっているんだというね，そういう子どもの考えで見えてて，これは分かりやすい事例になっていると思います．

　こういうのを見て，われわれが学ばなきゃいけないと思うのは，単に予想とか考察をやっているから問題解決なんじゃない．子どもたちが学習，ゴールとして考察のところに行ったときに，学習の深まりを

　実感することです．単純な肉体的な活動からその粒子概念に至るよう
なね，そういう階層みたいなことを，子どもたちがこう説明できるよ
うにならないと，対話にならないし．じゃあそれはもう少し言うと，
問題解決を子どもたちがしていくというのは，そういう事を含んでい
る．

　つまり一人で問題解決をするなんていうことは到底あり得なくて，
やっぱり対話がなければこういう描画にあるような学習の階層，ある
いは学習が成功するというかうまくいくっていうことは，あり得ない．
デューイの子どもは精神を置いてくるんじゃなくて，精神を学校に持
ち込んで，そこで自分の学習を深めていっているというのが，非常に
よく分かるなあと思います．

野原：本当にそう思います．対話を通してこういった子どもの変容というの
　　　は見られてくるのですが，これはどう変わっていったかというのを授
　　　業者が階層的に学習を深めていくっていうことを，しっかり授業の中
　　　で意図しているっていうことが大事だと思っています．

　　　　例えばこの描画が，ガス交換だったり，エネルギー変換だったりっ
　　　ていうような視点を含む描画，粒子的な描画になっていったというの
　　　は，やはり私が予想の段階で子どもたちの考えを引き出しながら，対
　　　話を通して，「こういう事なのかなあ」というようなところを提示し

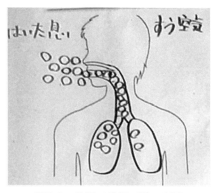

図6.2　予想で教師が描いた図

ていったところも，子どもの中ではあったと思うんですよね．

　本章でもヴィゴツキーの内化という話をしていますけども，やっぱり子どもが先生や周りの子どもたちから，考えている事をしっかりと自分の中に取り込んでいけるようなところも意識した対話的な展開をしていくっていうことも，非常に重要なのかなあというところは思います．

森本：うん．

野原：それが先ほどから言っている，デューイの子どもの視点をどう取り入れていくか，子どもがどうやって自分の中に取り入れていけるのかっていう意味で，対話を進めていくっていうのが大事なのかなあって思いますね．この6章で言っているアレクサンダーの「5つの原理」というものと関連付けると，非常に効果的に対話的な学習が実現されていくんじゃないかと思います．

森本：子どもの描画を見て比べると，考察の段階では考え方が非常に整理されて，ことばも概念もだんだん整理されていく．最初は非常にあいまいなんだけども，だんだん抽象化されて，きれいになっていく．結局，子どもたちの本音，もう少し言うとヴィゴツキーの内言，つまり子どもたちが考えている事っていうのは，多少混沌としているようなところがあるわけ．だからそれをまず先生が，承認する．それを前提にして，子どもたちに表現させて，みんなが納得できるような，整理された形に持っていく．それが対話の基本だと思う．それを系統的に整理したのがアクレサンダーの視点だと思うんですね．

　そうするとね，これも繰り返しになるかもしれません．先生が，子どもたちが潜在的に持っている，まだ整理されていないけど，何かこう考え及んでいる，あるいは，まだうまく解決できない，そういうところを前提にして，それを何とか引き出しながら，授業として結び付ける．その手段が対話だと思う．

　さっき野原さんが，授業前に子どもたちはこんなふうに考えているんじゃないかなということを想定して，子どもたちに示したと，描画

(図6.2) を出しましたよね. やっぱり, いつもそうしなさいとは言いませんけど, そういうものを先生が念頭に置きながら授業を進めるのか, そうじゃないかでね, 子どもが本音を出すか出さないかというのは, 非常に大きいと. ある意味, 初めに, 「君たちこんな事考えているんじゃないの」というふうに, 先生がある程度, 子どもの考えを予想することで対話が触発されていくということはあると思うんです.

その辺を考えて, さっきの描画を野原さんが出したということですね.

野原：そうですね. 対話の中では, このような考えは子ども達の中には出ていたと思うんです. ただそれをこういう事なのかなって, 私が子ども達に描画を示したというのは, 子どもの潜在的な部分としての子どもの本音を引き出すために必要な事だったと思うんですね. それを子どもが受け入れてくれた. この図を使って今度は考えてみようというのは, 潜在的な部分に触れていくことができたんだろうと思うんです. 考察の場面では, みんなで描画を用いながら「これでいいのかな」と考えるようになっていました.

そうすると潜在的なものがより明示的になっていって, みんなでこの方法で考えていこうと, みんなで引き出すことができた. 「こんなふうに考えてもいいのかな」って悩んでいた子ども達が, 「ああ, それでいいんだなあ」と思えるようになってきた. それが対話をより促進していく, 活発になっていくということにもなったのかなと思います.

森本：こういうやり方をね, 野原さんはずっとやってきたと思うんです. じゃあこういう学習の仕方っていうんですかね, 国語の読みの中でもこんな事があったんだとか, 他の単元とか, あるいは他教科の指導においても, こういうやり方がうまく派生していったとか, そういうことってありますか. 何か事例として, 思いつくままで構わないんだけど.

野原：まず理科でいうと, この事例は6年生の一番最初に単元にしていていました. 空気の成分や質的変化というのは, 6年の理科ではずっと続いていくと考えていたので, 描画で示したような表現を潜在的なもの

から明示的なものにというような意識はありました．次の単元の物の燃え方では，燃える前と後の燃焼前後の空気の質的変化について，私がこういった図を提示しなくても，子ども達が自分達の学習履歴から引っ張ってきて，空気を酸素と二酸化炭素を粒子的な描画として自分たちで考えていくような展開はありました．

　総合的な学習の時間では，当時は里山を扱っていました．理科の学習，特に気体，この空気というものに注目して，その里山における生態系の中でいかにバランス良く保っていけばいいかということを考えたときに，呼吸，燃焼の概念から空気に目を向けたときには，こういった描画で考えるというものが非常に役立ちました．

森本：うん，なるほどね．要するに，対話っていうことは，教室の中だけで考えれば，仲間同士の話にもなるし，あるいは，子どもが自分の持っている知識，あるいは経験を動員して現象を見る．それも1つのまあコミュニケーションあるいは対話として見ることができるし，あるいは教科書を読んでもそういう読み取り方をする．自分の今の知識と対話しながら．

　子どもたちにこういう活動をさせることによって，対話をするということが，非常に広い意味をもって考えられていくと．それこそヴィゴツーの言う「有能な他者」じゃないけども，協働するっていうことがね，子どもの中で広がっていくと思うんです．そういう効果があるのかなあと思う．

　今話していた，総合的な学習の時間でも対話的な学習を子どもたちが能動的に進め，いろんな情報を取り入れようとしている．それは本当にその対話的な学習がその学級，学校でうまくいっているかどうかを見るための試金石になるような感じがするんです．

　だからどの学習も成立するっていうことは，それを総合的に使えるところにも広がっていくんじゃないのかな．だから高等学校の新しい学習指導要領では探究っていうことばを非常によく使う．社会科でも使う．探究ということばを使う，科目の名称としてね．それはやっぱ

り対話とは言わないけども，いろんな所に情報があって，それを取り入れながら学習することが，子どもにとって勉強なんだよということにつながっていくと思いますね．

　最初の話に戻りますけど，対話っていうのはね，ただやればいいというものじゃなくて，子どもにとって必要な学習論ですよね．やっぱり機能させていかなきゃいけないんじゃないかなと思うんですよね．資質・能力の育成という観点からすれば，これは小中，まあ幼稚園も含めて高等学校までも貫いていかなきゃならない，そういう学習の原理なのかなと思うんですけどね．どうですかね．

野原：はい，おっしゃるとおりだと思います．本章で事例として挙げたのは私が最後の学級担任の年でして．この年は，最初は非常に苦労したんですけども，対話というものを軸にして授業を作っていったことで，子ども達が学習は自分たちで作り上げていく，能動的な学習というものを実感することにつながったと思っているんです．

　先ほど話した総合的な学習の時間は顕著な表れで，自分達の地域にある里山をどのように，どうやって守っていくかというところの対話的な展開というのは非常に私としても関わっていて楽しい授業でした．その授業の基礎になっているのは教科で培われてきた対話的な授業です．対話を通して何をしていくかいう意識は，子どもたちにも芽生えていたのではないかと思います．

　卒業した子ども達が今はどのように育っているのかというのはちょっと分からないですけども，対話的な授業を通して自分達で知識を，考え方を作り出してきた子ども達があの後，どのように育っていったのかというのは，すごく興味のあるところですね．

森本：さっき試金石と言ったけど，やっぱりそれがうまく機能したかどうか．もちろん，さっきの子どもの描画なんか見れば，うまくいっているなというのはもちろんわかるわけです．もっと長期的に見れば，その里山の総合的な学習での探究とか，子どもはその対話的に作ったものをさらに深めるために，またそれを土台にしてさらに他のものと能動的

に対話をしていく．そういうところまで，少し欲張りかもしれないけど，教科横断的に考えていく必要があるのかな．

　だから，こういったことを，まさに授業を作るね，例えば，理科を作る原理，あるいは算数，国語の授業を作る原理とか，そういったところで機能させていかないと，対話的で深い学びというのは何か生かされないんじゃないかなと思いますね．

### 註
（1）　編著者野原博人の2015年度の実践（前所属，川崎市立東柿生小学校での実践）.

### 引用文献
Alexander, R. (2005) Culture, Dialogue and Learning : Notes on an Emerging Pedagogy, *Education, Culture and Cognition : intervening for growth*, 6.

デューイ, J. (1998)『学校と社会』（市村尚久訳），講談社，142-143.

国立教育政策研究所（2017）『OECD 生徒の学習到達度調査　PISA　2015年協同問題解決能力調査──国際結果の概要──』, Retrieve from https://www.nier.go.jp/kokusai/pisa/pdf/pisa2015cps_20171121_report.pdf, 10.（2021年4月27日閲覧）.

森本信也（2013）『考える力が身につく対話的な理科授業』，東洋館出版社，52, 115.

────（2020）「現代の理科教育における課題を解決するための視点とその方法」『授業で語るこれからの理科教育』，東洋館出版社，64.

野原博人・田代晴子・森本信也（2019）「子どもにおける科学概念構築を促す対話的な理科授業のデザインとその評価」『理科教育学研究』, Vol.53, No.3, 443-455.

**（野原博人）**

# 第 7 章　深い学びを促す理科授業の　デザイン

　本書では，認知的スキル，非認知的スキルを融合した学力の育成を目指して，学習における能動性を軸にした学習論や教授論について議論してきました．第7章では，能動的な学習の実現により深い学びを促す理科授業をデザインする視点について，明らかにしていきます．

## 7.1　理科授業における学習の能動性

　本書で述べてきたエージェンシーの育成は，学習における能動性を意味しています．理科授業における学習の能動性は，他者との関わりの活性化を生み出します．能動的，協働的な学習は，学習者としてのエージェンシーの育成に深く関与していくのです．

　エージェンシーの育成は共同エージェンシーによってなされていきます．共同エージェンシーを構成する学習者の育成は，「多様な相互交渉を取り入れ，いろいろな役割をとれるようにする」ことが重要です（波多野・稲垣, 1973：143-148）．

　Moore と Anderson が以下に示した，学習者の機能は，この考えを進める上で有用です（Moore & Anderson, 1964：12-13）．言い換えれば，共同エージェンシーの機能と位置付けられます．

　　・「働きかける人（agent）」
　　　環境に働きかけて，そこに変化を引き起こすような活動，特定の情報を

求めようとして起きる能動的な活動と関係している.
・「待ち受ける人（patient）」
　自分ではどうにも統制できない環境内の変化が生ずるのを, ひたすら待つことがこれに当たる.
・「やりとりする人（reciprocal）」
　自分と相手がイニシャティブを持ち, 相手に合わせたり相手の意図を読み取ったりすることが要求される.
・「判定する人（referee）」
　自らの行動を評価したり, やりとりの経過をみていて, ある助言を行なったりする.

　こうした指摘の意味を理科授業に則して考えていきましょう. まず, 「働きかける人」とは, 自然事象に働きかけ, 自らの既有知識や生活経験をもとに解釈を試みるといった, 自分の考えを他者に伝え, 考えを深化, 発展を志向する者です.
　「待ち受ける人」とは, 問題解決に向けた対話に参加することを通して, 他者の考え方を受容し, 自分の考えや表現と比較したり, 考える機会を得ようとしたりする者です.
　「やりとりをする人」とは, 他者の考え方に対して自分の考えを付け足したり不明な点について質問したりすることを通して, 考え, 表現の意味を明確にする者です.
　「判定する人」とは, 対話を通して表出した複数の考え方について共有し, どの考え方が適しているか, 根拠や理由を明確にしながら判断をするという者です.
　これら学習者の機能は, 科学概念の構築を目指した相互承認, 合意形成を図る上で, なくてはならないものと捉えられます. 学習の能動性を促進する理科授業において, 学習者の 4 つの機能のうちの 1 つの機能に留まることなく, 学習状況に併せてそれぞれの役割を柔軟に担うことのできる子どもを育成していくことが重要です.

状況や環境の変化に合わせて自分を適応させる，あるいは状況や環境を変える過程に柔軟に適応していくための認知は「適応的メタ認知」と呼ばれています．自己の内面世界に閉じたシステムとしての機能ではなく，状況に開かれた分散されたシステムのもとに機能するメタ認知です（丸野，2007：341-355）．

適応的なメタ認知が駆動することによって，学習者の役割は流動化し，子ども同士の相互交渉を活性化します．つまり，学習者の4つの機能が流動性を帯びることで多様な相互交渉が図られていく，「学習者間の能動的相互交渉」が深い理解の実現に寄与していきます（波多野・板垣，1973：144-148）．

「深い理解（learning knowledge deeply）」に関し，Sawyerは達成する基準は6項目あると指摘しました．それらはすべて，学習における能動性を前提としています．Sawyerが示した「深い理解」における6項目を子どもの学習における能動性，特に概念構築と関連付けると，次の3つのカテゴリーに分類することができます（森本・松尾・辻，2012）．

表7.1を見るとき，理科授業における「深い理解」は，学習者が自然事象に対峙し，そこに既有の経験や概念に基づいて問題を見出し，その解決に向けて観察，実験を通して得られた情報を処理するという過程により，達成されるというように捉えられます．

表7.1 「知識構築に関わる深い理解」

| 1．既有知識に即して情報収集 | 2．知識や情報に規則性を見出す | 3．知識の構築過程を自覚化 |
|---|---|---|
| 1.1 新しく学習した概念を既有の知識や経験と結びつけられる． <br> 1.2 学習した多様な知識を概念体系へ結びつけられる． | 2.1 知識や情報について，パターンや背景にある原理を見出すことができる． <br> 2.2 新しい概念を評価し，関連性を考えてまとめられる． | 3.1 対話を通して知識が作られるという過程を理解している．また，議論に現れている論理に対して，批判的に吟味できる． <br> 3.2 自分がどのような過程から理解をしたり，学習したかを振り返ったりすることができる． |

（出所）Sawyer, R. K.（2006）をもとに作成，森本・松尾・辻（2012）

## 7.2　学習の能動性に基づく深い理解を促す理科の教授・学習　過程

Engeström は，「学習とは子どもによる情報の単純な受容と記憶ではない．子どもは身の回りの世界について，説明するためのモデルを文字通り構築（construct）する．子どもはカメラやテープレコーダーのように単純に情報を受容しない．情報を収集し，常に解釈しようとしている．」と述べています（Engeström, 1994）．学習は子どもにとって有意味（meaningful learning）でなければならないことへの指摘です．

また，Engeström は，「子どもは身の回りの事象について，彼らなりに意味を解釈し，知識として構築し，説明しようとする．」とき，学習は成立すると指摘しています．子どもが自分なりに構築した知識の意味を咀嚼し，記憶に留めようとするとき，有意味，すなわち「高い質の知識」が構築されると捉えます．これは「深い理解」と言い換えることができます．この知識は次の3つの要件を具備しています（Engeström, 1994：12-16）．

- ・子どもが知識相互の関連性を考えながら理解しようとする．また，知識全体の意味を明らかにしようとする．
- ・子どもが知識を多様に表現しようとする．また，身体的・感覚的表現，メンタルモデル，イメージ等を多様に咀嚼し，表現しようとする．
- ・子どもが知識を集団内で共有し，そこに集う者の間の談話の中で発展させようとする．子どもは，協働的な活動が知識構築に寄与することを実感する．

3つの要件を充足させ，子どもが科学概念を構築するとき，「有意味」な学習による理解，すなわち「質の高い知識」がもたらされます．つまり，「深い理解」の実現です．

学校で学習する知識や技能をカプセル化として子どもに保存（記憶）させる限りにおいて，社会における知識や技能の活用可能性は保証されない，これら

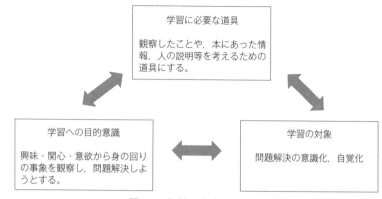

図7.2　知的に生産的な学習

の要件からは，こうしたことを読み取ることができます．

　Engeström は，子どもによる意味構築に基づく学習を「知的に生産的な学習」と称し，その生成過程を**図7.2**のように示しています（Engeström, 1987：198-203, 森本, 2017：7）．

　「学習者の目的意識」は，興味・関心あふれる学習者としての子どもを想定しています．自ら進んで身の回りの事象を説明しようとする子どもの学習の進め方についての指摘です．「学習者の目的意識」の継続は，「学習の対象」に対する問題意識の自覚を促します．自覚的に問題解決を図ろうとする時，子どもの学習への意欲が維持されていくのです．

　「学習者の目的意識」の質は，「学習の対象」における問題解決の質を決定します．両者の質が高ければ，解決するために必要な情報の収集や受容も多様化を促します．こうした情報の収集や受容は，「学習に必要な道具」との媒介を通して行われていきます．

　Engeström による「知的に生産的な学習の構造」は，**図7.3**に示す「拡張的学習（expansive learning）」として具現化されます（Engeström, 1987：198-203）．

　Engeström による「有意味」で「質の高い知識」を構築する授業デザインにおいて，「拡張的学習」モデルは有益な視点を与えます．Engeström は，「拡張的学習」について，次のように述べています．

　「道具」の使用は，「主体」が学習「対象」に働きかけ，何らかの「結果」を

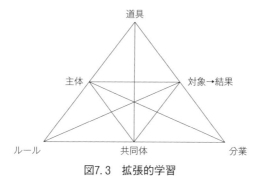

図7.3　拡張的学習

生み出そうとするときになされます．「主体」―「道具」―「対象→結果」といった3項関係が出現するのです．本書1章の**図1.4**に示した「認識の三角形」の出現です．

　さらには，3項関係における「主体」は独立した存在ではなく，学校におけるクラスである「共同体」の一員としても活動がなされていきます．したがって，「主体」は「共同体」の一員として「対象」へ働きかけ，「結果」を生み出そうとしていきます．「主体」―「共同体」―「対象→結果」という新たな3項関係が出現するのです．言い換えれば，協働的な問題解決が不可欠であることを示しています．

　「共同体」で円滑に学習を進めていくためには，さらに「ルール」「分業」による支えが必要です．問題解決を通して考えや知識を出していくことを前提とした適切な「ルール」，「分業」が機能することにより，能動的，協働的な学習は実現に向かうのです．

　こうした「主体」―「道具」―「対象→結果」という関係は，「共同体」「ルール」「分業」と結びつきます．これにより，活動を拡張させ，その質を向上させていきます．

## 7.3　拡張的学習による理科授業デザイン

　**図7.4**は，拡張的学習（**図7.3**）を理科授業デザインとして発展させたもので

す．この内容について，詳しく説明します（野原・和田・森本, 2018）.

　学習者としての「主体」による問題解決を通した学習内容の理解は「対象→結果」に向かっていきます．その媒介となるのが「道具」です．「道具」は，既に1章で述べたように，技術的な道具，心理的道具を指しています．理科授業においては，技術的な道具としての観察，実験器具の使用，心理的道具によることばやイメージ等に基づく説明などを意味します.

　「道具」は個人の問題解決のレベルに留まることなく，集団での使用へと拡張されていきます．「主体」と「共同体 (クラス)」は，「対象」に働きかけるルートに「道具」を視野に入れることによって，「道具」の適切な選択や変換を行なっていきます.

　「主体」と「共同体 (クラス)」の連動を支えるのが「ルール」と「分業」です．協働作業を通した情報の共有と合意形成がクラスでの考察や結果の導出についての決定を促します.

　こうした視点に基づく理科授業デザインの具体について，小学校第4学年「もののあたたまり方」における水のあたたまり方を例に検討し，図7.4を具体的に展開していきます.[(1)]

　図7.5は，金属と水のあたたまり方の比較を通して，それらに違いがあることを明らかにしていく授業デザインの具体です.

　ここでは，示温テープを技術的な道具として選択し，水の温まり方と示温テー

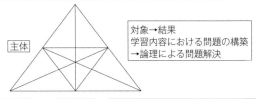

**図7.4 拡張的学習による理科授業デザイン**

プの変化と関係付けながら，水の温まり方を調べました．

　図7.6の左から，上昇説，ぐるぐる説，噴水説というように，○○説という
ラベリングがなされていきました．「共同体（クラス）」で○○説という考えに
ついての説明に必要なものとして，図7.6に示す心理的道具としてのイメージ
が表出されました．

　図7.6の予想をもとに，示温テープによる水の温まり方を観察，実験で確認
しました．熱した試験管の下部分から色は変化していき，次に上部分が変化し，
上から真ん中にかけて全体に温まっていくことが確認されました．

図7.5　金属と水の温まり方の比較

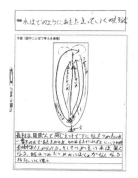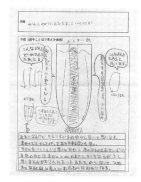

図7.6　水のあたたまり方についての予想

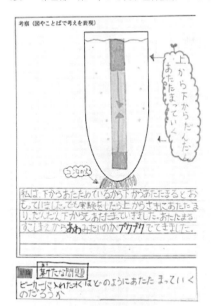

図7.7　考察における記述

この観察，実験結果の情報から，予想で立てた説の中で有用なものについての検討が対話を通して行われました．「共同体（クラス）」を軸とした対話による考察がなされていき，図7.7に示す「新ぐるぐる説」が作り出されていきました．

水は金属とは違う温まり方をするといった結果から，「上昇説」と「ぐるぐる説」を合わせた説の有用性について，互いに考えを述べ合い，他者の考えを受け入れ，吟味するといった「クラス」による「ルール」と「分業」の往還を繰り返すことによって，新たな説を立てていきました．

ここでの水のあたたまり方についての学習は，心理的道具の適切な選択と変換によりなされていきました．こうした「道具」の選択と変換は，「ルール」と「分業」の機能が支えとなっていました．実験，観察結果の共有や吟味（ルール），予想，考察において有用な考えを出し合い，選択し，新たな考えを出していく（分業）ことにより，対流による水のあたたまり方は金属の熱移動とは異なることが明らかにされていきました．

また，ここでは，観察，実験情報から予想で立てた説の中で有用なものについて決めるための協働作業，つまり「分業」が重要な役割を果たしました．その結果，「温かい水はどうして上に上がっていくのだろうか．」という新たな学習問題へと発展していきました．次の過程への学習が駆動されたのです．

図7.8では，心理的な道具である図7.7に示した描画の検討を通して，技術的道具の変換により，ビーカーの中で水を温める観察，実験を行っていきます．

この授業での考察場面を例示します．また，この授業場面の説明活動の際に

道具
　・温度による水の体積の違い（概念）　・サーモインク，ビーカー（技術的な道具）
　・水の動きを時系列で説明する（情報）
　・温度による水の重さの違いで水の移動が起きる（論理）
　・Ⅰ，Ⅱの過程におけるイメージ図（心理的道具）

主体

対象→結果
温度変化による水の移動の説明
→水の温度変化と体積変化の関係

ルール（学習についてのルール）
　・観察情報を共有する
　・観察情報について考えを述べ合う
　・他者の考えを受け入れ，吟味する

共同体
（クラス）

分業（協働作業）
　・水の温度が異なることで，水が移動
　　する考えを協働でつくりあげる

**図7.8　水の温度と体積変化との関係**

用いられた描画を**図7.9**に示します．

## 【水の温度変化と体積変化についての考察】

Ｃ１：温めた水は軽くなるので上で広がって，前にあった水は温めた水に
　　　とっては邪魔になるので居場所がなくなって移動して，温めた水はど
　　　んどん下まで広がっていく．

Ｃ２：そう同じ．勝手に名前をつけた．ミルフィーユ説．

Ｔ１：ミルフィーユのように重なっていく．どういうこと．

Ｃ３：温めた水は上で広がって，前にあった冷たい水は邪魔になるので居場
　　　所がなくなって最初にいたやつを下にやって，新しいやつがそこに
　　　入って全体に広がっていく．

Ｔ２：温かい水が邪魔になるってどういうこと．

Ｃ４：温かい水の居場所がない．だから，冷たい水を下にやって温かい水が
　　　そこにいる温まった水の層になっていく．だから全体に広がっていく．

Ｃ５：温まった水の層になっていく．だから全体に広がっていく．新しく来
　　　たのはできたてほやほやだから，そっちの方があったかいから，そっ
　　　ちの方が優先になる．

考察（図やことばで考えを表現）

あたためた水が下から上で広がって、を北来新い水がいって、そこといた（備刀オくが、やまで下ずれて、のくりかえしでさりごに全体に広がる。

図7.9　ミルフィーユ説

C 6：同じなんですけど，水の動作はくるくるって回っているように感じたので，下に行ってこう行って下に行っての動作はなかったと思うんだけど．

C 7：温めた水はこう来て（上に）こう来て（横に）下に落ちているから，そう動いている．

C 8：そうしたら順番は，まずお湯が上がったら……上で広がっているところにまた新しいのが来てまた広がっていく．

C 9：上で広がっているところにまた新しいのが来てまた広がっていく．

T 3：繰り返されていると．

（Ｃは子どもの発言で番号は発言の順序，Ｔは教師の発言で番号は発言の順序）

　Ｃ１は，あたためた水は軽くなり，上層部分で広がっていくという心理的道具としてのイメージ図をもとに，温められた水の移動について発話しました．Ｃ１の発話を受け，Ｃ２はＣ１のイメージを共有していくために「ミルフィーユ説（図7.9）」を提示しながら，Ｃ１の発話を発展させた発話をしました．

　Ｔ１の問い返しから，Ｃ３は温度変化によって水が動くことや水の温度差によるスペースのせめぎ合いというイメージについて発話しました．Ｃ４はＣ３の意見に同意し，水の温度差による温められた水の動きについて考えたことを発話しました．

　ここまでの対話により，「共同体（クラス）」による水の温まり方についてのイメージは確立していきました．Ｃ５は，ぐるぐる回りではなく層のようにして水は温まっていくという，水の移動による温まり方の説明を試みています．

　Ｃ６はここまでの議論に同意を示すとともに，温度変化による水の移動についての観察情報の共有を図りました．Ｃ７は，温度変化による水の移動を「こ

う来て〜」と動作を交えた情報の共有を行いました．そして，C8，C9の発話によって，温度変化による水の移動についての考えを協働的につくり上げていきました．C2が示した心理的な道具としてのミルフィーユ説により，対流による水の温度変化のイメージの共有を促しました．

　ここにおいて作り出されたミルフィーユ説は，温度による水の重さの違いで移動するという根拠を伴う，図7.7に示したぐるぐる説の発展です．水の温度による重さの違いを根拠とした「分業」により，水の温まり方についての定義がなされていきました．

　「ルール」と「分業」の機能により，「道具」の質的変換が図られていきました．そして，金属と異なる対流という水の温まり方という概念が作り出されました．「共同体（クラス）」による学習の質の向上は，連動する「主体」の学習の質を向上させました．拡張的学習による理科授業デザインの基本と考えます．

## 7.4　深い理解を促す理科授業デザインの内実について考える

　7.1〜7.3において，深い理解を促す理科授業デザインの内実について考えてきました．「拡張的学習」の有用性と能動的な学習の関連について，詳しく考えていきます．対談は，7章執筆者野原博人と編著者である森本信也，渡辺理文で行いました．

### 理科授業における有意味な学習と心理的道具の使用

森本：まず7章の中で，大事なキーワードがあると思います．1つは学習指導要領でのことばと関連して「深い理解」というのがあると思います．7章では深い理解の実現をエンゲストロームの言う有意味と関連付けています．学習指導要領はそこまで書いてないので，有意味な学習を成立させるということが大事なんだということを7章の始めで述べています．繰り返しになりますが，理科授業で有意味っていうのは何を指すのか，ちょっと簡単に話してくれますか．

野原：「深い理解」については，2章で詳しく説明し，本書の他の章でもこ

　　　れを受けて述べてきている「認知的スキルと非認知的スキルの融合」というところを意識して，子どもが自分たちで考えや知識を作り出していくことで，有意味な学習になっていくと考えています．自分たちで出した考えや知識が深い理解であるという捉え方です．

森本：うん．「有意味」，つまり「深い理解」を実現させる上で，いわゆる技術的な道具と心理的道具は非常に重要だと思うんですけど，その辺について理科授業と関連付けて説明してくれますか．

野原：本書では，考えや知識を作り出すということを大事にしていくことについての議論をしてきました．そこでは道具を媒介としていかに考えや知識を出していくということでした．理科では，技術的な道具という側面については教材，実験の器具などがあります．大事にしたいのは心理的道具です．常に考えの可視化ということを意識しながら，自分たちで心理的道具から考えや知識を作りだして，みんなで考えを練り出していくというところに，道具というのは位置付けられていかなければいけないと思っています．

森本：技術的な道具は従来の教材の選択というところで話は非常に分かりやすいと思うんですけど．その心理的道具の使用というのは，その基準があるようでない．曖昧で，子どもに全面的にこう依存しているところもあるんですけど．心理的道具の使用が，「深い理解」につながっていくのかというのが大事な点だと思うんですけど，その点についてもうちょっと話をしてくれますか．

野原：はい．1章図1.10にホワイトモデルを示しています．本書では，子どものイメージ，描画を取り上げて議論を重ねてきたんですけれども，基準になるのはホワイトモデルの要素だと思うんですね．それと，学習内容を照らし合わせた上で，子どもの曖昧な表現や考え方というものをより精緻化していく，これは先生の役目である思っています．最初に子どもが出してくる表現で曖昧なものが多いかもしれないんだけど，それを取り上げて，発展させる基準となるのはホワイトモデルであると．やがて精緻化された心理的道具として子どもたちが考えや知

　　識を作り出していくときに，有効に働いていくんだと考えています．

森本：そうすると，その規準から教師がどういうふうに子どもの表現を価値付けるかというところで決まってくると今の話聞いて感じました．それを教師と周りの子どもたちが「あの表現は面白いね，いいね」ということもあると思うんですけど．そういうものがうまく機能しない場合というのも現実的にはあるわけですね．子どもが非常に良い表現しているのにそれが見過ごされているとか，取り上げられないとか，そういうことはあると思うんですけど，どうしたらいいですかね．

野原：その辺は，やはり評価についても述べてきましたが，自己評価や相互評価の視点を踏まえて評価の規準を子どもと共有して，先生がしっかりとその内容理解と系統性を踏まえた，子どもへの支援，指導というものが必要になってくるのかなと思います．この辺りについては，渡辺先生からもご意見頂けたらと思います．

森本：野原さんの話を踏まえてね，どうですかね．

渡辺：はい，道具の選択について，森本先生もおっしゃったんですけど，そこがすごく大事だと思っていて，適切な道具を使うことができれば，その対象に働きかけられて，結果までつながっていくと思っています．そこでの教師の関りがすごく重要だと思っていて，良い考えを出したときにちゃんと価値付けられる，ちゃんと「それでいいんだよ」，「そのまま進んでいいんだよ」と教師が子どもに伝えられる，こういう部分が大事だと思っています．そのために事前の子どもの学習過程の想定が必要だと思っていて，4章では，「ラーニング・プログレッションズ」でそれを述べてきましたが，想定からしっかり子どもの考えを捉えて，道具の選択に教師が関わってあげるっていうのは，必要かなと思っています．

森本：うん．どうですかね，野原さんは．

野原：1章でも述べてきている「道具の選択」は，子どもの学習に教師がどう介入していくか，関与していくかということと関連して重要なポイントだと思っています．アセスメント・リテラシーと関連しますが，

　　　　今まで議論になってきたホワイトモデルをしっかりと踏まえて，評価
　　　　できるようにしていかなければいけないかなと思います．

森本：うん，今までの話聞いていると，基本的には一方的とは言わないけど，
　　　　教師がいかに子どもの考えを取り上げられるか．アセスメント・リテ
　　　　ラシーの話もそうですけどね．やっぱり子どもの考えの育ちっていう
　　　　かね，そういう表現することが大事だという子どもの育ちをある程度
　　　　前提にしないと，これで Yes or No とかね．あるいはそのホワイト
　　　　モデルでこれがあったから，良い，悪いと．そうすると，そういう育
　　　　ちっていうかね，日常的にそういう事をその授業の中身として反映さ
　　　　れていないと．アセスメント・リテラシーの基準，あるいはホワイト
　　　　モデル自体が何か形骸化するっていう．要するに，これさえやってい
　　　　れば大丈夫なんだと．子どもの表現があるからこれを大事にしましょ
　　　　うねという話で理論的にこう抽出されたわけじゃないわけですよね．
　　　　アセスメント・リテラシーは一種の教師の鑑識眼みたいなものですけ
　　　　れども，その結果，経験則みたいなもので，いかに子どもたちの表現
　　　　力，思考力を育てるか．そこのところに掛かってくるんじゃないかな
　　　　と思うんだよね．

　　　　　6章の対談のときに100年前のデューイのことばを引用したけれど
　　　　も，まさにそうだと思うんですね．子どもが潜在的に持っている良い
　　　　ものがあって，まずそれを育てていこうじゃないかと．その育てる方
　　　　途というかやり方として，アセスメントというのは必要ですよとか，
　　　　あるいはラーニング・プログレッションズが必要です，道具の使用が
　　　　必要です，そういう議論になっていかなきゃいけないと思う．それか
　　　　ら，7章で言っている道具の使用というのは単にその公式主義という
　　　　かね，枠を使っていれば全部うまくいんだ，という一方的な教師の私
　　　　見で終わってしまう怖さっていうのはあるんですよね．その辺はどう
　　　　思いますか，お二人．

野原：考えや知識を作り出していくプロセスには，教師の関与と同時にクラ
　　　　スにいる仲間とのやり取りというのも当然出てくるわけで，その価値

付けの 1 つの基準として，ホワイトモデルあると思うんですよね．それを踏まえた上での子どもたちが自分たちで考えや知識を作り出していくというプロセスには，当然，森本先生がおっしゃっていた，子どもの育ちというのも出てくるわけで，その中には，ここまで議論してきた非認知的スキルの粘り強さやグリット，意欲的に最後まで取り組むという態度も踏まえていかないといけないと思うんです．

　問題解決で最後までたどり着けないことっていうのも当然ありますし，そこでの子どもの育ちというものも意識しながら，道具をしっかり選択できるように働きかけていくっていうことも重要なポイントだと思います．それが拡張的学習にもつながってきて，ルールや分業の捉え方になってくるのかなと思っています．渡辺先生，いかがですか．

渡辺：今，森本先生と野原先生の話を聞いていて，森本先生が公式的になってしまうとおっしゃっていてそのとおりだなあと思っていて，教師の柔軟な姿勢がやっぱり必要だなと思いました．やはり主体は子どもであるべきで，その子どもたちの考えをもとに，教師は計画していくのですが，柔軟な姿勢で主体である子どもたちに寄り添っていかなきいけないというのは，すごく必要かなって思っています．教師が道具の選択の部分で関わって「これがいいんじゃないか」って伝えて，子どもが「あっ，それがいいなあ」と選択して自分で取り入れていく，そういう事が必要なのかなってお話を聞いて思っていました．

## 理科授業におけるルールと分業の意味

森本：子どもの発想を大事にしましょうというのは，日本の実践の中でなかったわけじゃないし，こういう議論がなくても，それこそ戦前だって，心ある教師たちはそういう実践をやってきたわけで．ある意味でその日本における，集団的なあるいは一斉授業の中でお互いをこう高め合うみたいな，そういうものに対する再評価みたいなものだと思います．だけど，単に昔もやってた，だからよかったんじゃなくて，それを見る目がね，あるいは，それをもう一度こう授業として作り上げ

るための視点として，エンゲストロームの「拡張的学習」の位置付けや価値付けというのは図られると思うんですよね．

　そうすると，結局，道具をどういうふうにうまく使えるかどうか，あるいはどのように子どもたちが道具を使えるように育てるかというのは，野原さんも今，ルールと分業の話をしましたけど，要するに，協働性をどのように育てるか，結局そこに掛かってくるわけ．理科授業にありがちなね，グループで実験しました．一人一実験やりました．だから，うまくいくはずだと．そういう非常に素朴な授業論というのは飛んじゃうと思うんですよね．そこに「拡張的学習」の価値があると．ルールと分業という，協働的な学習ね，それを１つのシステムとしたのが「拡張的学習」の価値だと思うんだけど．その事についてもう一度簡単に，こういう価値があるんだということを，ちょっと話をしてほしいと思いますけどね．

野原：１章で述べてきた，ヴィゴツキーの「認識の三角形」を拡張していくために，エンゲストロームは共同体というものが主体とどう関わっていくかに関わる要素として，ルールと分業があって，それがいかに機能するかという視点が「拡張的学習」では大事になってきます．「拡張的学習」では共同体が軸になっていると考えていて，５章では共同エージェンシーと関連した学習環境においては共同体というものの構築がいかに重要であるか，６章ではその共同体の中で対話を進めていく教授・学習の視点としてアレクサンダーの方略の具体に迫っていきました．

　一人一実験による理科学習で単に収束してしまうような授業にはしたくなくて，「学力というのはただ勉強が楽しいだけでいいのだろうか」，「いやそれではなくてやっぱり考えや知識を作り出していく授業によって子どもはその楽しさを実感しながら，学力が形成されていく」という議論は，共同体というものを意識した授業デザインととても関連していると思いますし，拡張的学習の理科授業デザインの提案はまさにそのことだと思っています．

　　ルールと分業と共同体の横軸っていうのは，道具にも主体にも対象
→結果にも同時につながってくるんですけど，ここが非認知的スキル
の部分として非常に重要なポイントになってくると思っています．そ
れで共同体の学習の質を上げていく．共同体というものをルールと分
業に関連する非認知的スキルとしっかり関連させた上で，主体とのつ
ながりというものを意識しながら，共同体を軸とした学習環境をデザ
インしていくということが大事になると思います．

森本：渡辺さん，どう思いますか．

渡辺：ルールはすごく重要だなと思っていて，子どもが安心して学習を進め
　　　られる，みんなでやっていくんだと思えるというのは，このルールの
　　　質がすごく関わっているかなというふうに考えています．そこのベー
　　　スを教師が作ることがすごく大事だと思っています．子ども自身も
　　　ルールを持ちながら理科授業を進めていく中で，そのとおりにならな
　　　い事もあると思うんですね．例えば，自分たちの班の結果だけで満足
　　　してしまう子たちがいて，そういうときは「他の班の結果を見ておい
　　　で」とか，いろんな子どもとつなげるような支援も必要で．こうした
　　　ルールをしっかり教師と子どもが認識しているというのが重要だと
　　　思っていて，子どもは安心して共同体の中で分業の作業を進めていけ
　　　る，みんなで作っていけるという部分があるのかなと思います．

森本：ルールと分業を支えるというか，ルールと分業のもとで道具を適切に
　　　使いながらみんなでより良い考えを作っていくという，そのための授
　　　業デザインの視点として「拡張的学習」の価値はあると結論付けるこ
　　　とができると考えていいわけですよね．そうするとね，この学習シス
　　　テムを実際に広げていくために課題となるのは何ですかね，

野原：ルールの捉え方が授業者によって多少変わってくるんだと思うんです
　　　よね．それは学習風土に関わることで5章で議論があったと思うんで
　　　すけど，そういう先生たちが持っている信念とも関わってきてしまう
　　　ような気はするんです．それとルールをどうやって作っていくか，も
　　　しくは子どもとどうやって共有していくかというところも非常に重要

なポイントで，関連していかに共同体を作り上げていくかというところが大きな課題としてあると思います．

　　私自身の考え方としては，ルールというのは，**図7.4**にも書かれているように，観察情報を共有する，考えを述べ合う，考えを受け入れ吟味する，このようなことなんですけれども，お互いに価値付ける，共感する，そういうことを踏まえてみんなで考えや知識を作り出していくんだよ，この授業ではっていう．そういう学習風土を作り上げていくことに関するルールが必要なのかなと思っています．渡辺先生が言っていたように，分からなかったら隣の人に聞いてもいいし，まねしてもいいしっていうような，そういったところも当然必要だと思います．そうして学級文化を作り上げていくことが課題になってくると思っています．渡辺先生はいかがですか．

渡辺：僕は分業の方にも課題はあるかなって思っていて，分業についての授業者の捉えが，そのままのことばで捉えちゃうといけないかと．「実験する人，記録する人」みたいな分業で捉えられちゃったら嫌だなと思っていて，野原先生が書いてくださったみたいに，例えば，**図7.5**だと上昇説とかくるくる説とか，いろんな考えを持つ子がいて，その子たちが責任をもって「僕は上昇説が正しいかを考えてみる」とか「私はくるくる説が正しいのかを考えてみる」みたいなことを先生が共有しながら新たな説を立てることにつながっていくというのが理想的な分業の姿かなと思っています．そこの捉えをしっかり持っていないと，課題が出てきてしまうのかなと思います．

## 理科授業における「拡張的学習」で子どもに育成される力

森本：うん，なるほど．課題は出てきたと思うんだけど，個人的な考えなんですけど，結局，今まで言われてきた事なんですけど，エージェンシーの概念もそうなんだけど，学習がうまくいったとか，うまくいかなかったというのが，個人の問題，一人ひとりの子どもが情報をうまく取り入れることができたか，できないかということになってしまう．仮に

クラスでみんなで考えをつくったとしても，それをうまく自分が取り入れることができたかできないか．学習の成功失敗というのが個人の問題というふう捉えられないだろうか．結局，個人の問題になってしまうというのはどうなのかなあというのが，1つはある．

　一方で，「拡張的学習」の基本にあるのは学習に対する捉え方を変えなきゃいけないということにある．つまり個人の問題じゃなくて，教室に行けばいろんな知識や情報があるからそれを使っていく．「分散認知」です．教室にある知識や情報を利用して，みんなで考えを作り上げていく．そこに価値がある．それを個人がどういうふうに咀嚼し直したかどうか，そういうみんなで作り上げることが大切ということです．そういうふうに考え方を変えていくことです．そういう事を評価すること自体が，意味があるのかどうか．そこのところも考えなきゃいけないのかなという感じはします．個人にとっての学習の伸びっていうのは要らないのかと言ったら，それはあるんですよね．だって，みんなで作り上げたんだから，この考え方はみんなで作り上げた．みんなで作り上げた考えについて，僕はこういう表現した，私はこういう表現した．そう実感したり，理解したりすること大事なんだよって．

　だから，個人の問題に関しては，みなで作った考えをどう咀嚼し直したかが大切．ホワイトモデルの価値は，実はそこにあって，どう咀嚼し直したかっていうこと．「イメージであろうと，経験で語ろうと，それはオッケーね」というふう事だと思う．子どもたち一人ひとりのやる気，レジリエンスとか言ったって，こういう視点に立たなければ何も子どもにとっては還元されないんじゃないのかなあ．その辺の危うさというかな，考え過ぎかもしれないけど，そういう事はちょっと感じますよね．まあそういう事を，学校，理科授業の中にね，もう一度考えさせると．そういう機会として7章で提案したような授業づくりというのは意味があるのかなと思うんですよね．

**本書で提起したこれからの理科教育を捉える重点事項**

森本：7章の細かな議論から離れて，本書全体について振り返ってみません
　　　か．本書では最後の議論ですから．本書では，理科教育の新しいパラ
　　　ダイムをこう提起するんだということを述べてきました．野原さん，
　　　渡辺さん，話をしてくれますか．この辺が新しいんだということを，
　　　再度強調して話をしてくれませんか．

野原：認知的スキル，非認知的スキルというところの融合というのを今まで
　　　以上に強く意識した議論が展開されてきたと思います．特に非認知的
　　　スキルというものをいかに教科教育に取り入れていくか．理科授業の
　　　中で非認知的スキルというものが機能すると認知的スキルの育成にも
　　　いかに関与していくのかというところが非常に重要だったと思います．
　　　キーワードとしては，アタッチメント，これまでの議論にも出たよう
　　　に子どもの考えや表現を価値付ける先生と子どもが相互評価できるよ
　　　うな，そういった関係についても非常にアタッチメントという考え方
　　　は重要になってくると思います．

　　　　それからいわゆる「主体的に学習に取り組む態度」というところの
　　　評価の観点が新しい学習指導要領に示されていて，2章で紹介した非
　　　認知的スキルにおけるレジリエンス，グリット，などの成長的思考態
　　　度といったところをより細かく分析して授業の中でどう生かしていく
　　　かということは，私たちが提案していく理科授業の中で取り入れてい
　　　かなければいけない視点になると考えています．

渡辺：本書では，野原先生が言ったみたいに，第1章から第2章の話をもと
　　　にして，第3章，第4章，第5章と展開されていて，キーワードとし
　　　て認知と非認知的スキルの融合をすごく重要視していたかなと思いま
　　　す．その中で，学習論，評価論が出てきて，一貫して「授業デザイン」
　　　という内容で書かれていたとは思うんですけど，それだけじゃなくて，
　　　授業分析にも使える，先生方の授業改善に持っていけるようなところ
　　　も書いてあったと思います．拡張的学習はまさにそうだと思っていて，
　　　授業デザインとしてこういうモデルを使うことは可能だと思っていま

す．それだけじゃなくて，自分の授業がどうだったのかをモデルで振り返ったり，アセスメント・リテラシーのモデルでしたら，「あっ，自分は評価の目的の部分に課題があったなあ」とか，「評価の方略のところをもう少し考えた方がいいかなあ」という振り返りにも，モデルをそれぞれ使えるのかなあというふうに考えています．

森本：授業分析とか授業計画．授業研で考える 1 つのひな型になりますよという話ですよね．

渡辺：はい．

野原：認知的スキル，非認知的スキルというものの融合，特に非認知的スキルをいかに理科授業の中に取り入れていくかという視点で，例えばその 1 つの考え方として，考えの可視化が示されています．考えを可視化するということの価値や意味というようなところも再確認できたんじゃないかなと思います．これは，理科授業の中で子どもの考えや知識を作り出す 1 つの要素ではあるけれども，例えば，どのように子どものイメージを引き出すか，イメージをいかにうまく使って子どもたちに考えや知識を作り出していけるような指導ができるかというようなところというのは，特に小学校の理科授業の研究会の中で議論がなされている部分だと思います．

　本書では，イメージということばがたくさん出てくるんですよね．それは，子どもの曖昧な表現で最初はスタートしているかもしれないけど，だんだんそれを子どもたちで目の前にある自然事象について説明できるように，自分自身でもしくは先生と周りの友だちと一緒に考えて知識を作り出していくっていう，そういう過程を大事にしていくんだというところは，考えの可視化として，評価の視点も明らかにしながら，論じてきました．共同体を軸とした学習環境をデザインしていくことが必要だし，その中では対話というものが軸として授業を作っていかなければいけなくて．そういうふうに考えると本書で述べてきたこと全部がつながっていきます．子どもたちに徹底的に寄り添って，そして子どもたちが最後に納得して「これでいいんだ」と言

えるような，そういう授業を作っていくというものを根底に置いた提
案が本書でできたんじゃないかなと思っています．

森本：二人の言っている事，そのとおりだと思うし，批判する余地はないん
だけど．ある意味ね，怖さみたいなところも，実は僕個人的には思っ
ていて．非認知的スキルをどう評価するか．それは何かスケールを作
ればもちろんできる．ただ，それ自体は，個人的にはあまり意味のあ
る事だとは思っていない．どうして非認知的スキルなるものを，やっ
ぱり紹介しなければいけなかったかというと，基本的にはね，7章の
議論と同じように，子どもたちには表現する力みたいなものがあると
いうことです．典型的表れはイメージです．もっと言えば，オノマト
ペを含めたような，そういう表現でこそ，子どもの本音が出てくる．
だからそれを，あえて認知，非認知というふうに分ける必要はもとも
とない．子どもたちはそういう事を意識しているわけじゃない．ただ，
指導する側として，認知と非認知なるものをある程度想定しておいた
方が子どもの表現を価値付けるという意味では，有効であると思う．

　矛盾したような事を言っているけども，基本的に言いたかったのは，
認知の中には非認知なるもの，今言ったオノマトペみたいなのは当然
あるという，そういう前提で議論していかなければならないというこ
とです．子どもの中ではあくまでも統一されているものだから，その
部分として指導する側は捉えるのは構わないんだけど，それをさらに
分離して評価するとちょっとね，これはちょっとまあ本末転倒です．
そういう事を言っているわけじゃない．そういう危機感みたいなもの
は持ってますね．

　認知と非認知の表裏一体化でも構わないんだけど，そういうふうに
考えていかないと，まずいよねというふうに思う．だってそうだよね，
情報ばっかりがんがん教えたって，だれも学習しない，面白くないわ
けでしょう．つまり，非認知的なものが加味されないから，面白いな
あと思えば入るでしょう．それだけの事だと思うね．そういうものが
やっぱりこれから，もっともっとこう課題として，捉えていかなきゃ

　　ならない．だから生活科では，子どもの気付きの中に今言ったような
　　オノマトペなんてこう入ってくるわけだから．それをどういうふうに
　　認知的なもの，つまり世界を切り分ける，切り分けたいと思う非認知
　　的なもの分析する力としてづ育てていくかが課題になっている．理科
　　でもそこに収斂されていかないと駄目なのかなあと思う．その辺はど
　　う思いますか．

野原：非認知的スキルというものをただそれを分けて考えるというより，僕
　　のイメージとしては重なっているものだというふうに思っていて，認
　　知的スキルと非認知的スキルが重なっているからこそ非認知的スキル
　　を取り上げた意味があるんだと思うんですね．

森本：まあ2章のね，対談でもそんな，そういう話をきちんとしたよね．

野原：そうですね．じゃあどうやって，認知，非認知的スキルを融合的に育
　　てていくかっていう話になっていくと思います．基本的な考え方とし
　　ては，認知と非認知というのは表裏一体，重なっているものとして融
　　合している．これからの学力形成においては両方必要になってくる，
　　ということなんだと思うんです．

森本：小学校，中学校の先生が言うんだけど，子どもの思い，願いをね，実
　　現してやるっていう事を言うんだけど，それは誰も否定しないんだけ
　　ど．じゃあ子どもの思いとか願いとか言ったときに，例えば，物の溶
　　解についての子どもの思いとか願いってなあにとか，あるいは電気の
　　学習したときの子どもの思いとか，当然，そこにはあるわけだけども．
　　それは探究意欲なのか，あるいは知識欲なのか，あるいは技能として
　　高めたい意欲なのか，すべてその思いとか願いという所に入っている
　　と思うんですよね．そうすると，やっぱり今の子どもの学習状況を捉
　　える意味として，認知的なものに傾いているとか，非認知的なものに
　　傾いているとか，そういう議論は意味があると．

　　　それだって別に今みたいなね，こう認知，非認知を分けようとかそ
　　ういうんじゃなくて，もともとは子ども，まあ大人も含めてね，学習
　　というのはそういうものだと．だからどこに基準があるかということ

をうまくやらないと，機械的にこう，観点別評価の悪口言っているん
じゃないけれども，機械的にこう分けちゃったら，やっぱり子どもに
とっては，何かたまらないなあというふうには思うんですね．渡辺さ
んどうですか，どう思いますか．

渡辺：僕もそのとおりだと思っていて，子どもって自分で，「認知的スキル，
　　　今使っています」とか，「非認知使っているぜ」っていうような意識
　　　分けはしていなくて，理科で言うと対象に関わりながら自分の思い，
　　　願いを出してきて，それをみんなでやったり，教師と関わったり，そ
　　　れが学習になっていって，認知的スキルが付いていったりだとか，問
　　　題解決する共同体の中で非認知的スキルが付いていくっていうのが，
　　　普通の理想的な姿だと思っているので，教師としてはやっぱり視点と
　　　して持つべきではあると思うんです．理科授業の共同的な中で育てて
　　　いくっていうのをまず第一に考えないと「認知的スキルが付きました」
　　　とか「粘り強くやりました」だけだと，ちょっと子どもとしても求め
　　　ているものとは違うのかなというような感じがします．

森本：うん．そうすると思い，願いの雰囲気の中でずっと授業をやってきた
　　　野原さんとしてはどう思いますか．

野原：確かに思い，願いということばは教員時代よく使っていて，大学の教
　　　員になってから，あまり使わなくなったなって思っているんですけど．
　　　やっぱり子どもに寄り添うというのはアセスメントということばとつ
　　　ながっていくと思います．子どもの学習状況というものをしっかり捉
　　　えていきながら，子どもたちが認知も非認知も融合的なものとして駆
　　　使していく中で，みんなで考える楽しさだったり面白さだったりとか，
　　　そこで作り上げた考えや知識の価値をお互いに共有していくことこそ
　　　必要な事なのかなあと思っています．そういう楽しさ，自然事象との
　　　関わる楽しさというところも，当然出てくると思います．私たちが大
　　　事にしたいのはそれにプラスアルファとして，考えや知識を作り出し
　　　ていくっていうことができる子どもたちを育てていくことを大切にし
　　　ていきたいわけで，「考えろ，表現しろ」って子どもに言うんじゃな

くって，自然事象との関わりの中で子どもたちが考えや知識を作り出していく楽しさも同時に感じることができる，そういう授業を作っていかなければいけないと思います．

森本：うん，結局，1章から7章までをずっと見たときに，そこで語られている事っていうのは，子どもの表現とか表現への先生の働きかけとかというのは，一見すれば別にどこが新しいのとか，いや，そういう授業を今でもやっているし，どこが新しいのよって，そういう議論も出てくると思う．「子どもの表現を大事にしろ」とか，「イメージを大事にしろ」とか，やっぱり一斉授業の中でもそれなりの価値を見出せるというような議論をしてきたと思うんだけど，そのとおりだと思うんだよね．

　だけど，そういったときに，これまでの議論にあるけど，子どもの考えといったって，そこに認知的なものと非認知的なもの，あるいは情意的と言っていいのかもしれないけど，それなりの意味があると．そこがくっ付いているんだよとかね，あるいはある程度，先生が授業前に想定することによってそれは伸びていく．つまり子どもの伸びを想定しない授業というのはないんだよとか，そういうものをアセスメント，まさに子どものリテラシーと同じように先生の資質・能力として身に付けていくことがすごく大事なんだよと．同時に，じゃあそれを，全部合わせ持ったようなね，今言ったような事を合わせ持ったような授業づくりの視点，それがエンゲストロームの「拡張的学習」みたいな形で，あれがすべてとは思わないけど，そういう形で表れてくる．

　表面的には今までいろんなところで提案されていた授業だとか学習についての多くを題材にしているけど，今言ったようなその切り込むための視点，それを提起したところに新しいパラダイムの価値があるのかなと思うのね．それは完璧に解決されているかというとそうでもない．むしろ，子どもと教師とが一緒になって，さらに詳細に，具体的に示していかなきゃならない．そういう新しい授業づくりの提案が

この本で一番言いたい所になっていると思います.

**註**

（1） 編著者野原博人の2016年の実践（前所属，川崎市立東柿生小学校での実践）.

**引用文献**

Engeström, Y.（1987）*Learning by Expanding Second Edition* CAMBRIDGE UNIVERSITY PRESS, 198-203.

―――（1994）*Training for change : New approaches to instruction and learning in working life*, International Labour Organization, 12-16.

波多野誼余夫・稲垣佳世子（1973）『知的好奇心』，中央公論新社，144-148.

丸野俊一（2007）「適応的なメタ認知をどう育むか」,『心理学評論』，第50巻，第3号，341-355.

Moore, O. K. & Anderson, A. R.（1969）Some principles for the design of clarifying educational environments. In D. A Goslin（ed.）*Handbook of socialization theory and research*. Rand McNally, 12-13.

森本信也（2017）『理科授業をデザインする理論とその展開―――自律的に学ぶ子どもを育てる』，東洋館出版社，7.

森本信也・松尾健一・辻健（2012）「状況モデルによる科学概念構築を図るための理科授業デザイン」,『理科教育学研究』，第52巻，第3号，157-165.

野原博人，和田一郎，森本信也（2018）「主体的・対話的で深い学びを実現するための理科授業デザイン試論とその評価」,『理科教育学研究』，第58巻，第3号，209-309.

Sawyer, R. K.（2006）Introduction : The New Science of Learning in Sawyer（Eds.）. *The Cambridge Handbook of the Learning Sciences*. Cambridge University Press, 4.

（野原博人）

# おわりに

　子どもにとっての新たな学習可能性が見出されれば，そこには今までにない指導方法が生まれます．学習可能性の発見と指導方法の開発，すべての教科教育はその繰り返しの中で発展してきました．この繰り返しの中で，学習や指導方法に関する新たな理論は構築されてきました．本書もこのねらいに沿い，理科授業における子どもの学習可能性とこれに即した指導方法についての分析を試みました．何が分析できたのでしょうか．いくつか焦点を絞って振り返ってみましょう．以下に示すように，これらの焦点は密接に関連し，新しい学習者像とこれを育むための指導方法に関する視点を生み出しました．

　振り返りの1点目は，子どもの思考とその表現方法についてです．例えば，水に物が溶けるという現象を，ことばだけで子どもに理解させるのと，ことばに加えイメージなどを交えて理解させるのとでは，学習成果に大きな差が生じることがわかりました．物が溶けて見えなくなってもそこに粒で存在していると捉えるイメージを伴う理解は，将来の原子論的な考えへと導く可能性を秘めていることがわかりました．この事例に示されたように，イメージをはじめとする科学概念の多様な要素を交えた理解は，先の学習の重要な素地となることが明らかになりました．

　振り返りの2点目は，思考の表現方法の自由度がもたらす学力についてです．学力について検討すべき課題が提示されました．思考の表現の自由度を拡大することは，自分なりに論理を組み立てたり，自信をもって粘り強く考えようとする学習態度を育みました．非認知的スキルと呼ばれるこれらの力は，認知的スキルと表裏一体となって機能しました．その結果，子どもに自律的に考えを深め，発展させる機会をもたらしました．

　振り返りの3点目，こうした活動を維持し，促進するための学習環境の設定についてです．1，2点目で指摘した学習に対する構えをもつ仲間が周りにいるほど子どもの学習は促進されました．例えば，溶けることについて議論しま

す．粒論で考える子ども，まだ粒論で考えていない子ども，皆同じように溶けるということばを使います．同じことばで話し合いをしてもその内実は異なっています．教師によりこうしたことが常に露わにされるとき，ことば，すなわち科学概念の修正や拡大の必要性を子どもは徐々に気付いていくことがわかりました．

　これが 3 点目の振り返りの内実です．有用な学習は子ども一人では成立しません．彼らの周りにヴィゴツキーの言う「有能な仲間」がいるとき学習はより豊かになりました．自分の学習にとって必要な情報を容易に入手できるからです．このことを子どもに自覚させ，その下で学習する有用性を実感させることが必要です．協働的な学習をデザインする意味であり，拡張による学習として具現化されました．科学概念の意味を協働で深めるとき，はじめ使い方が曖昧だった概念が教室という社会で認知されていきました．科学概念がバフチンの言う「社会的言語」として精緻化されつつ教室で受け入れられていったのです．

　振り返りの 4 点目，これは 1 ～ 3 の視点をいわば統括する機能の充実です．学習可能性の分析，すなわち，子ども個々の考えの良さの発掘，それは教師と子どもによりなされなければなりません．初発は教師の鑑識眼に基づきますが，子どもの表現の面白さユニークさを教師が価値付けるとき，クラスの子ども達にもその行為の良さは徐々に浸透していきました．

　教師による子どもの学習の良さを捉える眼です．アセスメント・リテラシーです．教師のこうした力量形成が学習可能性の発掘の基礎になりました．教師による価値付けがなされるとき，教室で「沈黙していたパートナー」としての子ども達は目覚め，アクティーブな学習者へと変貌していきました．「あっ，あのイメージ面白い，わかりやすい」，と．アクティーブな学習者の育成，これは現代の重要な教育課題です．課題解決の端緒はここから開かれます．上述した 4 つの視点を結び付ける授業において実現されます．これが本書の結論です．

2022年 2 月

森 本 信 也

# 索　引

〈ア　行〉

アセスメント・リテラシー　78,90
アタッチメント　29,37,38
イメージ　7,110
エージェンシー　101
　共同——　102,104

〈カ　行〉

科学概念　7,55
学習環境　102
学習の能動性　146
学習風土　130,132
学習を充実させるための積み木　28
拡張的学習　150,151
考えの可視化　52
記憶要素　64
共同体　104,105
議論のレイアウト　59,65
形成的評価　80,91
系列化　69
構成主義　104

〈サ　行〉

社会情動的スキル　25
社会的な相互作用　124,125
社会的分散認知　46
主体的に学習に取り組む態度　23,24
診断的評価　81
成長的思考態度　25,29,33,36,39
全国学力・学習状況調査　29,30

〈タ　行〉

対話的教授　125
高い質の知識　149

探究　105
　——活動を支える思考群　106,111
　——活動を支える思考(群)の融合　111,
　　112
道具　9
　心理的——　152
トライアンギュレーション　77,89

〈ナ　行〉

内化　124
認識の三角形　9
認知的スキル　5,6,8,24,105
　非——　25,26,105

〈ハ　行〉

発達の最近接領域　124
評価の原則　79
評価の三角形　74,88
フィードバック　85
深い理解　148

〈マ　行〉

学びに向かう力，人間性　23
メタ認知　43
　適応的——　148
問題解決　6

〈ヤ　行〉

有意味　149
有能な仲間　174

〈ラ　行〉

ラーニング・プログレッションズ　75,88
類包含関係　56
レジリエンス　82,92

《執筆者紹介》（＊は編著者）

＊野原博人（のはら　ひろひと）［第1章，第5章，第6章，第7章］
　1974年神奈川県生まれ．
　立命館大学産業社会学部准教授．博士（教育学）．
　研究テーマは理科教育における学習環境論．

＊森本信也（もりもと　しんや）［第2章，第3章］
　1952年東京都生まれ．
　横浜国立大学名誉教授．博士（教育学）．
　研究テーマは理科教育における教授学習論．

　渡辺理文（わたなべ　まさふみ）［第4章］
　1987年福島県生まれ．
　北海道教育大学札幌校准教授．博士（教育学）．
　研究テーマは理科教育における評価論．

理科教育の新しいパラダイム

2022年3月10日　初版第1刷発行　　＊定価はカバーに
　　　　　　　　　　　　　　　　　表示してあります

編著者　　　野　原　博　人Ⓒ
　　　　　　森　本　信　也

発行者　　　萩　原　淳　平

印刷者　　　藤　森　英　夫

発行所　株式会社　晃　洋　書　房

〒615-0026　京都市右京区西院北矢掛町7番地
　　　　　　電話　　075(312)0788番㈹
　　　　　　振替口座　01040-6-32280

装丁　野田和浩　　　　印刷・製本　亜細亜印刷㈱

ISBN978-4-7710-3587-4